はしがき

　本書は年間８回開催されるＳＧ戦、Ａ１級の選手のＧ１レースの二日目の開催のデータについて解説するものであり、競艇水面が海水での平和島競艇場をモデルにしたものです。
　ＳＧ戦は全国の競艇場やボートピヤ等で発売され一日の売上高が約数十億円、利用者が約数十万人位で一般レースやＧ２、Ｇ３のレースの約１０倍以上の額や人数である。従って、払い戻し金も、同じ人気でも高額になります。
　競艇を財テクな感覚で運用を心見れば、面白さ、楽しさが倍増すると思います。

「２日目の出目の買い方による合計払戻金」
11,950円－22点（１レース３点位で、７レース分）
11,950円－2,200＝9,750円（100円単位で購入した場合の利益）
　この買い方をデータに基づいて解説します。

「水面気象情報と勝率・早見による方向出目の的中実績払戻金」
5,890円－18点（２～６レース分）
5,890円－1,800＝4,090（100円単位で購入した場合の利益）
　この買い方をデータに基づいて解説します。
12,340円－（体験点数）＝体験による的中払戻金
　この買い方は、どの位、的中できるか体験できるものです。

　一般に競艇場（ウォータサーキット場）は、現在全国で２４箇所ありますが、それぞれに特徴があり、平和島ではツケマイ、抜きが多く、コースに関係なく勝負ができると言われていますが、思ったように当たらない、また点数が増えるのが競艇の特徴ですが、本書の方向出目で点数が絞れることを解説しています。
　決まり手の予想で解明できない不思議な作用が一定現象で現れる。本書及び表、方向出目用紙は、その現象を発見する上で役立つものと思います。

メモ

目　次

1、平和島競艇、二日目のデータ表の解説 ─────────────── 9
　⑴　表の上欄の名称及び符号の解説

2、平和島競艇，二日目のデータ表
　　平和島　ＳＧ（第４６回、総理大臣杯）2006/ 3/17
　　1 R ──────────────────────────── 11
　　2 R ──────────────────────────── 12
　　3 R ──────────────────────────── 13
　　4 R ──────────────────────────── 14
　　5 R ──────────────────────────── 15
　　6 R ──────────────────────────── 16
　　7 R ──────────────────────────── 17
　　8 R ──────────────────────────── 18
　　9 R ──────────────────────────── 19
　　10R ──────────────────────────── 20
　　11R ──────────────────────────── 21
　　12R ──────────────────────────── 22

3、2日目、出目の買い方
　⑴　番組の情報収集 ───────────────────── 23
　⑵　的中内容の高額払戻金
　⑶　1レースの手順 ────────────────────── 24
　1 R
　①　1Rの表から下記の項目を選ぶ
　②　選んだ項目に下線を記入する ─────────────── 25
　③　1Rの表の下線項目を別表－1に記入すると次のようになる ──── 26
　2 R
　①　2Rの表から下記の項目を選ぶ ────────────────── 27

② 選んだ項目に下線を記入する-- 28
　③ 2Rの表の下線項目を別表－1に記入すると次のようになる-------- 29
[3R]
　① 3Rの表から下記の項目を選ぶ------------------------------------- 30
　② 選んだ項目に下線を記入する-- 31
　③ 3Rの表の下線項目を別表－1に記入すると次のようになる-------- 32
[4R]
　① 4Rの表から下記の項目を選ぶ------------------------------------- 33
　② 選んだ項目に下線を記入する-- 34
　③ 4Rの表の下線項目を別表－1に記入すると次のようになる-------- 35
[5R]
　① 5Rの表から下記の項目を選ぶ------------------------------------- 36
　② 選んだ項目に下線を記入する-- 37
　③ 5Rの表の下線項目を別表－1に記入すると次のようになる-------- 38
[6R]
　① 6Rの表から下記の項目を選ぶ------------------------------------- 39
　② 選んだ項目に下線を記入する-- 40
　③ 6Rの表の下線項目を別表－1に記入すると次のようになる-------- 41
[7R]
　① 7Rの表から下記の項目を選ぶ------------------------------------- 42
　② 選んだ項目に下線を記入する-- 43
　③ 7Rの表の下線項目を別表－1に記入すると次のようになる-------- 44
[8R]
　① 8Rの表から下記の項目を選ぶ------------------------------------- 45
　② 選んだ項目に下線を記入する-- 46
　③ 8Rの表の下線項目を別表－1に記入すると次のようになる-------- 47
[9R]
　① 9Rの表から下記の項目を選ぶ------------------------------------- 48
　② 選んだ項目に下線を記入する-- 49
　③ 9Rの表の下線項目を別表－1に記入すると次のようになる-------- 50

|10R|
　① 10Rの表から下記の項目を選ぶ----------------------------------- 51
　② 選んだ項目に下線を記入する------------------------------------- 52
　③ 10Rの表の下線項目を別表－1に記入すると次のようになる------ 53
|11R|
　① 11Rの表から下記の項目を選ぶ----------------------------------- 54
　② 選んだ項目に下線を記入する------------------------------------- 55
　③ 11Rの表の下線項目を別表－1に記入すると次のようになる------ 56
|12R|
　① 12Rの表から下記の項目を選ぶ----------------------------------- 57
　② 12Rの表の下線項目を別表－1に記入すると次のようになる------ 58
　③ 12Rの表の下線項目を別表－1に記入すると次のようになる------ 59

4、水面気象情報と勝率・早見による方向の出目
(1) 1Rの方向出目
　① 1Rの番組表--- 60
　② 1Rの方向出目表--- 61
　③ 1Rの気象情報と結果--- 62
(2) 2Rの方向出目
　① 2Rの番組表--- 63
　② 2Rの方向出目表--- 64
　③ 2Rの気象情報と結果--- 65
(3) 3Rの方向出目
　① 3Rの番組表--- 66
　② 3Rの方向出目表--- 67
　③ 3Rの気象情報と結果--- 68
(4) 4Rの方向出目
　① 4Rの番組表--- 69
　② 4Rの方向出目表--- 70
　③ 4Rの気象情報と結果--- 71

(5)　5Rの方向出目
　　① 5Rの番組表 ─────────────────────────── 72
　　② 5Rの方向出目表 ────────────────────────── 73
　　③ 5Rの気象情報と結果 ──────────────────────── 74
(6)　6Rの方向出目
　　① 6Rの番組表 ─────────────────────────── 75
　　② 6Rの方向出目表 ────────────────────────── 76
　　③ 6Rの気象情報と結果 ──────────────────────── 77
(7)　7Rの方向出目
　　① 7Rの番組表 ─────────────────────────── 78
　　② 7Rの方向出目表 ────────────────────────── 79
　　③ 7Rの気象情報と結果 ──────────────────────── 80
(8)　8Rの方向出目
　　① 8Rの番組表 ─────────────────────────── 81
　　② 8Rの方向出目表 ────────────────────────── 82
　　③ 8Rの気象情報と結果 ──────────────────────── 83
(9)　9Rの方向出目
　　① 9Rの番組表 ─────────────────────────── 84
　　② 9Rの方向出目表 ────────────────────────── 85
　　③ 9Rの気象情報と結果 ──────────────────────── 86
(10)　10Rの方向出目
　　① 10Rの番組表 ────────────────────────── 87
　　② 10Rの方向出目表 ───────────────────────── 88
　　③ 10Rの気象情報と結果 ─────────────────────── 89
(11)　11Rの方向出目
　　① 11Rの番組表 ────────────────────────── 90
　　② 11Rの方向出目表 ───────────────────────── 91
　　③ 11Rの気象情報と結果 ─────────────────────── 92
(12)　12Rの方向出目
　　① 12Rの番組表 ────────────────────────── 93

② １２Ｒの方向出目表--- 94
　③ １２Ｒの気象情報と結果----------------------------------- 95
５、水面気象情報と勝率・早見による方向の出目的中の実績払戻金--------- 96
　(1) 予想的中払戻金
　(2) 体験予想の払戻金

６、方向出目の実績
　(1) 方向出目用紙による競艇予想------------------------------------ 97
　(2) 過去の方向出目による波形、江戸川、平和島、住之江競艇場
　(3) 狙った出目の的中で大儲け-------------------------------------- 98

１９９３（平成５年）2/12　第３８回関東地区選手権競走の方向出目予想------99

１９９３（平成５年）1/8　第２２回東京ダービーの方向出目予想-------------100

１９９２（平成４年）12/22　住之江競艇　第７回賞金王決定戦競走-----------101

７、気象・艇（部品・ﾁﾙﾄ）・展示ﾀｲﾑ・ｵｯｽﾞ・実況・結果の情報収集、
　　競艇場一覧--- 102

　(1) 必要な情報--- 103
　(2) 予想に必要な情報収集

　(1) 電話情報収集、開催案内、気象状況、払戻金------------------------ 104

８、方向出目用紙について
　過去の体験コース--- 105
　ＳＧ戦　２００６年、２日目セット
　仕様

過去の体験コース--- 106
ＳＧ戦 ２００６年、１～６日目セット
仕様

携帯方向出目用紙--- 107
仕様

アンケート葉書（情報の無料案内を受けるシリアル番号）------------後頁

1、平和島競艇（場コード０４）二日目のデータ表の解説

表について、この表は独自にデータを収集して、一目瞭然にしたものであり、情報内容は専門紙、スポーツ新聞、競艇場等の番組表からの情報と同様のものであります。また、直前情報として、チルト、展示タイム、部品交換の情報は競艇場からの情報になります。

(1) 表の上欄の名称及び符号の解説

艇番；枠に収まったボート番号
選手；長い氏名を四文字に省略
登番；登録番号
出身；出身地
才；年齢
血；血液型
体重；選手の体重
進入；選手が枠の艇番から進入する高いコース順をデータに基づいて表示。
級；級別
コース；進入コースによるデータに基づいたもの。（1～3着の勝率）
全国勝；全国の1着の勝率（最近勝率）
2勝率；全国の2着の勝率
当地勝；当地の1着の勝率
2勝率；当地の2着の勝率
モーターNo.；モーターの番号
2勝率；モーターの2着の勝率
ボートNo.；ボートの番号
2勝率；ボートの2着の勝率
開催成績；開催中の着順

　　L（出遅れ）全額返還（事故率20点）
　　F（フライング）全額返還（事故率20点）
　　K＝欠場（怪我、体調不良、自己管理責任、K1 10点、K2 15点）
　　S＝欠場（S0 責任外 0点、S1 選手の反則 10点、S2 選手の妨害 15点）

　　　　　　（事故率の事故点数が少ない方がよい。）
　　　　　　　失格＝エンスト、沈没、転覆、反則、不完走、落水など。
優出－勝；優出の回数－優勝の回数
早見；前後、出場のレース
チルト；小さい角度は回りがよく、大きくなると伸びがよい。
展示タイム；直線で伸びがよいのは早いタイム。
部品；交換した部品
　　テ・・・電気一式・・・（モーター不調で点検やコンデンサーの交換など）
　　キ・・・キャブレター
　　ピ・・・ピストン
　　リ・・・ピストンリング
　　シ・・・シリンダ・・・（燃焼気筒）
　　ク・・・クランクシャフ
　　プ・・・プロペラ・・（回転を上げるプロペラ調整、カップを立てる）
　　ケ・・・ギアケース・・・（バックラッの調整、ギヤの点検、ベアリングの交換）

２、平和島競艇，二日目のデータ表

平和島　ＳＧ（第４６回、総理大臣杯）2006/ 3/17

1R 予選（左回り3周 H1800m）

艇番	選手 登番/出身	才 血	体 重	進入 コース	級	全国勝 2勝率	当地勝 2勝率	モーターNo. 2勝率	ボートNo. 2勝率	開催成績/優出-勝 1 2 3 4 5 6	早 見	チルト 展示タイム	部品
1	赤岩善生 3946 愛知	30 A	55	1	A1 91.2	7.28 47.57	7.91 64.44	18 31.72	21 29.45	5 　　　　05-02	7	-0.5 6.90	ケリ プ
2	高濱芳久 3731 広島	32 A	50	25	A1 62.1	7.42 60.80	8.87 80.00	13 25.38	65 32.95	5 　　　　05-03	5	0.0 6.88	プ
3	水野　要 2785 兵庫	51 0	52	31 246	A2 75.0	6.07 44.20	5.80 40.00	33 28.46	62 33.13	44 　　　　04-00		0.0 6.82	プ
4	中野次郎 4075 神奈	24 0	53	45 6	A1 70.0	7.17 55.13	6.79 56.14	62 28.86	16 32.41	6 　　　　06-03		+0.5 6.87	キ
5	吉川昭男 3582 滋賀	33 A	50	54 36	A1 64.3	6.85 53.60	0.00 0.00	55 25.57	24 37.50	65 　　　　05-02		0.0 8.87	
6	中辻崇人 3876 福岡	29 0	51	65	A1 64.3	6.62 46.56	5.82 39.47	21 38.62	51 36.31	4 　　　　02-00	6	0.0 6.78	

決まり手　まくり

進入　１２３４５６

着順　⑥②①③⑤④

1R	単 1着	複 1着	複 2着	人気	3連単	3連複	2連単	2連複	拡連複 1~2,1~3,2~3 着		
					12	1	8	4	4	1	2
払戻金	450	240	150		3820	470	1560	720	220	180	180

＊進入とは、１コース、２コース、３コース、４コース、５コース、６コース順の艇番を示す。

＊着順とは、１着、２着、３着に入着した艇番を示す。

2R 予選（左回り3周 H1800m）

艇番	選手 登番/出身	才 血	体重	進入	級 コース	全国勝 2勝率	当地勝 2勝率	モーターNo. 2勝率	ボートNo. 2勝率	開催成績/優出-勝 1 2 3 4 5 6	早見	チルト 展示タイム	部品
1	新美進司 3312 愛知	41 A	51	1 100	A1	6.75 48.70	6.11 33.33	47 23.84	67 29.70	26 01-00		-0.5 6.88	
2	中村有裕 4012 滋賀	26 O	54 15	24 70.6	A1	7.93 58.46	8.11 66.67	22 40.82	33 32.69	6 05-00	8	0.0 6.96	プ
3	柏野幸二 3436 岡山	36 B	50 5	32 53.3	A1	7.42 55.93	7.55 54.55	16 43.57	61 35.46	4 09-01	10	-0.5 6.88	プ
4	笠原 亮 4019 静岡	26 AB	54 53	64 70.0	A1	6.17 35.38	6.57 42.86	23 35.71	19 35.85	1 07-01	7	0.0 6.90	
5	金子良昭 3156 静岡	41 O	50 4	53 00.0	A1	8.16 68.18	3.64 9.09	74 41.36	74 36.73	6 09-03	9	-0.5 6.75	
6	後藤 浩 3497 東京	37 B	50	65 01.6	A1	7.67 61.06	6.84 42.11	59 30.92	72 37.33	5 04-00		0.0 6.89	プ

決まり手　逃げ

進入　1 2 3 4 5 6

着順　①④③⑥⑤②

2R	単	複	複		3連単	3連複	2連単	2連複	拡連複 1~2,1~3,2~3 着		
	1着	1着	2着	人気	64	5	16	10	9	10	7
払戻金	510	160	120		9230	960	2130	1420	430	470	350

3R 予選（左回り3周 H1800m）

艇番	選手 登番/出身	才 血	体重	進入	級 コース	全国勝 2勝率	当地勝 2勝率	モーターNo. 2勝率	ボートNo. 2勝率	開催成績/優出-勝 1 2 3 4 5 6	早見 展示タイム	チルト	部品
1	森 竜也 3268 三重	40 AB	53	1	A1 77.8	6.31 40.00	6.80 44.00	40 32.39	13 38.89	65 　　　08-02		-0.5 6.94	
2	江口晃生 3159 群馬	41 AB	54	2	A1 60.0	7.29 46.39	6.35 30.00	10 31.41	26 29.30	3 　　　07-02	9	-0.5 6.93	
3	太田和美 3557 奈良	33 A	53	34	A1 78.6	7.38 50.54	7.38 12.50	25 36.67	66 29.80	S 　　　05-00	8	-0.5 6.93	プ
4	服部幸男 3422 静岡	35 B	55	43	A1 69.6	7.22 45.71	7.70 59.26	65 29.47	23 30.07	2 　　　06-03		0.0 6.91	
5	坪井康晴 3959 静岡	28 O	50	54 3	A1 47.4	7.47 52.25	7.33 66.67	54 37.17	46 33.95	51 　　　04-01		-0.5 6.83	
6	瀬尾達也 2942 徳島	46 A	53	65	A1 50.0	7.04 49.52	0.00 0.00	38 31.28	18 37.74	66 　　　01-01		-0.5 6.88	

決まり手　まくり

進入　1 2 3 4 5 6

着順　⑥⑤①④③②

3R	単 1着	複 1着	複 2着	人気	3連単 117	3連複 19	2連単 26	2連複 11	拡連複 1~2,1~3,2~3 着 11　15　9
払戻金	2710	1410	300		49140	5800	8230	2870	770　1180　500

4R 予選（左回り3周 H1800m）

艇番	選手 登番/出身	才 血	体重	進入	級 コース	全国勝 2勝率	当地勝 2勝率	モーターNo. 2勝率	ボートNo. 2勝率	開催成績/優出-勝 1 2 3 4 5 6	早見	チルト 展示タイム	部品
1	長岡茂一 3227 東京	40 0	50	1	A2 73.3	6.60 52.56	7.45 63.27	34 33.96	52 36.08	33 02-00		-0.5 6.80	リ
2	池上裕次 3245 埼玉	41 0	52	23 4	A1 73.3	6.22 35.77	7.11 50.00	66 27.88	39 38.22	5 03-00		0.0 6.88	
3	別府昌樹 3873 広島	29 A	51	35 2	A1 61.1	7.10 58.10	5.69 37.50	15 30.20	57 40.12	3 05-01	10	0.0 6.80	
4	菊地孝平 3960 静岡	27 AB	53	45 36	A1 87.0	6.64 35.80	8.29 85.71	17 45.93	36 38.51	3 07-04	10	-0.5 6.87	
5	辻 栄蔵 3719 広島	30 0	49	54	A1 25.0	8.20 58.00	8.22 77.78	11 29.14	30 33.77	4 07-02	9	0.0 6.77	
6	野長瀬正 3327 静岡	38 0	53	6	A1 50.0	6.94 46.28	0.00 0.00	61 30.99	29 31.06	1 07-04		-0.5 6.78	

決まり手　まくり

進入　1 2 3 4 6　5 L

着順　④③⑥②①　⑤L

4R	単 1着	複 1着	複 2着	人気	3連単 20	3連複 6	2連単 7	2連複 3	拡連複 1~2 3	1~3 7	2~3着 8
払戻金	290	170	170		4120	1060	1300	510	200	340	360

5R 予選（左回り3周 H1800m）

艇番	選手 登番/出身	才	体重	進入	級別 コース	全国勝 2勝率	当地勝 2勝率	モーターNo. 2勝率	ボートNo. 2勝率	開催成績/優出-勝 1 2 3 4 5 6	早見	チルト 展示タイム	部品
1	矢後 剛 3347 東京	39	53 A	16 25	A1 100	6.22 33.68	7.71 63.95	51 33.33	20 34.81	33 05-02		0.0 6.91	
2	伊藤誠二 3713 愛知	31	54 B	23 61.1	A1 64.08	7.47	6.50 60.00	12 34.62	27 35.54	1 02-01	9	-0.5 6.93	
3	後藤孝義 3591 静岡	37	51 A	32 4 60.0	A2 48.08	6.38	5.17 27.78	29 39.49	49 29.56	33 03-01		0.0 6.90	
4	高濱芳久 3731 広島	32	50 A	34 56 68.4	A1 60.80	7.42	8.87 80.00	13 25.38	65 32.95	53 05-03	1	0.0 7.32	
5	植木通彦 3285 福岡	37	51 O	52 3 20.0	A1 68.37	8.67	7.47 33.33	57 34.50	69 40.13	3 08-02	10	0.0 7.0	
6	原田幸哉 3779 愛知	30	53 B	65 24 37.5	A1 53.17	7.59	7.63 57.89	27 33.93	25 43.40	56 05-01		0.0 7.11	プ

決まり手　逃げ

進入　134562

着順①②④③⑤⑥

5R	単 1着	複 1着	複 2着	人気	3連単	3連複	2連単	2連複	拡連複 1~2, 1~3, 2~3 着		
					47	13	5	6	8	7	6
払戻金	290	140	140		9980	2360	1390	1090	380	360	340

6R 予選（左回り3周 H1800m）

艇番	選手 登番/出身	才 血	体重	進入コース	級	全国勝2勝率	当地勝2勝率	モーターNo. 2勝率	ボートNo. 2勝率	開催成績/優出-勝 1 2 3 4 5 6	早見	チルト 展示タイム	部品
1	横西奏恵 3774 徳島	31 A	47 6	12 82.6	A2	7.10 58.65	5.89 55.56	72 27.89	70 34.23	2 06-03		0.0 6.86	
2	中辻崇人 3876 福岡	29 0	51	23 63.2	A1	6.62 46.56	5.82 39.47	21 38.62	51 36.31	4 02-00	6	0.0 7.00	
3	徳増秀樹 3744 静岡	31 A	51 5	34 69.2	A1	7.52 65.14	5.86 42.86	63 34.25	75 29.37	6 04-00		0,0 7.00	シリブ
4	仲口博崇 3554 愛知	33 A	50 35	42 57.1	A1	7.73 52.89	7.65 35.29	75 35.03	44 41.21	2 03-01	12	-0.5 6.86	
5	深川真二 3623 佐賀	31 B	49 36	52 36.4	A1	7.67 60.00	6.89 44.44	26 43.15	48 34.71	3 05-03	10	0.0 6.84	
6	山崎智也 3622 群馬	32 A	52 4	65 66.7	A1	8.27 57.14	8.50 67.39	32 33.71	28 35.37	2 05-02	11	-0.5 7.20	

決まり手　逃げ
進入　124356
着順　126345

6R	単	複	複		3連単	3連複	2連単	2連複	拡連複 1~2,1~3,2~3 着		
	1着	1着	2着	人気	24	7	7	4	5	8	7
払戻金	400	250	200		6000	1520	1610	860	330	450	440

7R 予選（左回り3周 H1800m）

艇番	選手 登番/出身	才 血	体重	進入 コース	級	全国勝 2勝率	当地勝 2勝率	モーターNo. 2勝率	ボートNo. 2勝率	開催成績/優出-勝 1 2 3 4 5 6	早見	チルト 展示タイム	部品
1	勝野竜司 3697 兵庫	33 B	51	13 94.6	A1	6.57 41.74	8.41 79.31	24 33.69	64 47.09	1 06-03	12	0.0 6.84	
2	笠原 亮 4019 静岡	26 AB	54	23 46	A1	6.17 73.3	6.57 35.38	23 35.71	19 35.85	1 07-01	7	-0.5 6.81	
3	赤岩善生 3946 愛知	30 A	55	35 6	A1	7.28 79.3	7.91 47.57	18 31.72	21 29.45	52 05-02	1	0.0 6.97	
4	守田俊介 3721 京都	30 A	55	46 25	A1	7.98 73.9	6.65 67.03	41 37.76	15 40.13	35 08-03		0.0 6.94	
5	田中 豪 3792 東京	33 A	52	54	A1	7.59 73.3	7.07 61.46	69 29.91	45 44.25	2 06-01		-0.5 6.76	ピリ
6	山本浩次 3558 岡山	33 A	52	56 33.3	A1	7.03 43.96	8.00 47.06	73 48.92	31 30.43	4 07-04	11	-0.5 7.11	

決まり手　抜き

進入　1 2 3 4 5 6

着順　5 3 2 6 1 4

7R	単	複 1着	複 2着	人気	3連単	3連複	2連単	2連複	拡連複 1~2,1~3,2~3 着		
	1着				106	16	24	14	10	5	9
払戻金	650	230	360		34720	3390	6470	3110	550	340	480

8R 予選（左回り3周 H1800m）

艇番	選手登番/出身	才血	体重	進入	級コース	全国勝2勝率	当地勝2勝率	モーターNo.2勝率	ボートNo.2勝率	開催成績/優出-勝 1 2 3 4 5 6	早見	チルド展示タイム	部品
1	池田浩二 3941 愛知	27 0	54	1 96.8	A1	7.05 45.54	7.50 43.75	20 33.72	55 31.03	4 07-04	12	-0.5 6.86	
2	松野京吾 3056 山口	49 A	48	21 77.8	A1	7.71 66.42	5.84 44.74	43 33.91	71 39.01	41 06-01		0.0 6.85	
3	中村有裕 4012 滋賀	26 0	54	34 2566.7	A1	7.93 58.46	8.11 66.67	22 40.82	33 32.69	6 05-00	2	+0.5 6.90	
4	中澤和志 3952 宮城	29 AB	54	43 5 66.7	A1	6.94 47.92	6.54 40.00	39 37.65	17 39.24	12 01-00		0.0 6.80	
5	太田和美 3557 奈良	33 AB	53	54 47.4	A1	7.38 50.54	7.38 12.50	25 36.67	66 29.80	S 05-00	3	-0.5 6.84	プ
6	今垣光太 3388 石川	36 A	50	64 23500.0	A1	7.57 54.70	8.67 55.56	64 36.36	14 36.53	1 08-02		0.0 6.73	

決まり手　まくり差し

進入１２３４５６

着順４３５１２６

8R	単	複	複		3連単	3連複	2連単	2連複	拡連複 1~2,1~3,2~3 着		
	1着	1着	2着	人気	53	13	13	6	10	4	13
払戻金	310	190	340		10310	1890	2490	1060	540	300	770

9R 予選（左回り3周 H1800m）

艇番	選手 登番/出身	才 血	体重	進入コース	級	全国勝2勝率	当地勝2勝率	モーターNo.2勝率	ボートNo.2勝率	開催成績/優出-勝 1 2 3 4 5 6	早見	チルド 展示タイム	部品
1	辻 栄蔵 3719 広島	30 0	49	1	A1 96.8	8.20 58.00	8.22 77.78	11 29.14	30 33.77	4 ┆ ┆ ┆ ┆ ┆ 07-02	4		
2	金子良昭 3156 静岡	41 0	50	2	A1 64.5	8.16 68.18	3.64 9.09	74 41.36	74 36.73	┆ ┆ ┆ ┆ 6 ┆ 09-03	2	0.0 6.66	
3	伊藤誠二 3713 愛知	31 B	54	34	A1 47.4	7.47 64.08	6.50 60.00	12 34.62	27 35.54	1 ┆ ┆ ┆ ┆ ┆ 02-01	5	-0.5 6.84	
4	湯川浩司 4044 大阪	26 A	51	45	A1 65.2	7.85 60.32	0.00 0.00	49 42.95	47 33.54	┆ ┆ ┆ ┆ ┆ 15 03-01		+0.5 6.80	
5	江口晃生 3159 群馬	41 AB	54	23	A1 546 56.3	7.29 46.39	6.35 30.00	10 31.41	26 29.30	3 ┆ ┆ ┆ ┆ ┆ 07-02	3	-0.5 6.87	
6	吉川元浩 3854 兵庫	33 0	49	65 3	A1 12.5	8.02 56.41	0.00 0.00	46 39.04	34 31.41	┆ ┆ ┆ ┆ 14 ┆ 07-03		0.0 6.71	

決まり手　逃げ

進入　２４５６３

着順　②⑤④⑥③　①K

9R	単 1着	複 1着	複 2着	人気	3連単	3連複	2連単	2連複	拡連複 1~2,1~3,2~3 着		
					19	5	6	5	6	3	9
払戻金	360	160	350		3740	760	1100	800	290	240	340

10R 予選（左回り3周 H1800m）

艇番	選手 登番/出身	才 血	体重	進入	級 コース	全国勝 2勝率	当地勝 2勝率	モーターNo. 2勝率	ボートNo. 2勝率	開催成績/優出-勝 1 2 3 4 5 6	早見	チルド 展示タイム	部品
1	菊地孝平 3960 静岡	27 AB	53	12	A1 87.9	6.64 35.80	8.29 85.71	17 45.93	36 38.51	3 　　　　07-04	4	-0.5 6.78	プ
2	植木通彦 3285 福岡	37 O	51	23	A1 87.5	8.67 68.37	7.47 33.33	57 34.50	69 40.13	3 　　　　08-02	5	00 6.78	
3	平尾崇典 3822 岡山	33 AB	49	31 2	A1 67.9	6.58 40.38	0.00 0.00	60 47.54	59 30.00	1 　　　　06-01		-0.5 6.77	
4	深川真二 3623 佐賀	31 B	49	42 53	A1 55.0	7.67 60.00	6.89 44.44	26 43.15	48 34.71	3 　　　　05-03	6	0.0 6.75	
5	柏野幸二 3436 岡山	36 B	50	53	A1 46.2	7.42 55.93	7.55 54.55	16 43.57	61 35.46	4 　　　　09-01	2	-0.5 6.85	
6	森高一真 4030 香川	27 AB	52	64 5	A1 64.3	7.70 54.40	6.17 44.44	31 33.90	11 40.91	24 　　　　04-00		0.0 6.87	

決まり手　まくり差し

進入 1 2 3 4 6 5

着順 4 6 5 3 2 1

10R	単 1着	複 1着	複 2着	人気	3連単	3連複	2連単	2連複	拡連複 1~2,1~3,2~3 着		
					93	18	23	14	14	11	15
払戻金	820	350	760		33600	4640	6350	4070	1090	820	1370

11R 予選（左回り3周 H1800m）

艇番	選手 登番/出身	才 血	体重	進入 コース	級	全国勝 2勝率	当地勝 2勝率	モーターNo. 2勝率	ボートNo. 2勝率	開催成績/優出-勝 1 2 3 4 5 6	早見	チルド 展示タイム	部品
1	吉田徳夫 3452 愛知	35 B	54	1	A1	7.00 78.4	6.00 57.93	50 40.00	41 39.74	46 35.44 09-04		0.0 6.92	
2	瓜生正義 3783 福岡	30 A	51	24	A1	7.45 100	8.47 55.10	70 58.82	12 34.12	2 36.67 08-01		0.0 6.86	プ
3	山崎智也 3622 群馬	32 A	52	34	A1	8.27 50.0	8.50 57.14	32 67.39	28 33.71	2 35.37 05-02	6	0.0 6.80	
4	山本浩次 3558 岡山	33 A	52	43 5	A1	7.03 80.8	8.00 43.96	73 47.06	31 48.92	4 30.43 07-04	7	-0.5 6.89	
5	井口佳典 4024 三重	28 A	54	56	A1	8.00 81.0	7.22 62.88	28 50.00	63 31.89	15 36.31 07-02		-0.5 6.75	
6	別府昌樹 3873 広島	29 A	51	56	A1	7.10 45.5	5.69 58.10	15 37.50	57 30.20	3 40.12 05-01	4	0.0 6.83	

決まり手　まくり
進入１２３４５６
着順５６３１４２

11R	単	複	複		3連単	3連複	2連単	2連複	拡連複 1~2,1~3,2~3 着		
	1着	1着	2着	人気	54	7	19	12	14	2	6
払戻金	450	290	660		12000	1420	4090	2900	660	220	380

12R 予選（左回り3周 H1800m）

艇番	選手 登番/出身	才 血	体重	進入 コース	級	全国勝2勝率	当地勝2勝率	モーターNo.2勝率	ボートNo.2勝率	開催成績/優出-勝 1 2 3 4 5 6	早見	チルド 展示タイム	部品
1	仲口博崇 3554 愛知	33 A	50	1 89.5	A1	7.73 52.89	7.65 35.29	75 35.03	44 41.21	2 03-01	6	-0.5 6.87	
2	上瀧和則 3307 佐賀	37 A	51	21 43.3	A1	7.59 48.45	7.88 37.50	36 34.87	37 31.52	24 03-00		-0.5 6.88	リ
3	池田浩二 3941 愛知	27 0	54	34 5 89.5	A1	7.05 45.54	7.50 43.75	20 33.72	55 31.03	4 07-04	8	-0.5 6.90	
4	濱野谷憲 3590 東京	32 A	54	43 5 52.4	A1	7.21 47.42	8.53 71.67	71 36.27	10 29.50	5 06-03		0.0 6.92	
5	寺田 祥 3942 山口	27 0	53	56 4 44.4	A1	6.46 39.33	4.78 0.00	45 34.78	56 36.02	22 05-02		-0.5 6.95	リ プ
6	勝野竜司 3697 兵庫	33 B	51	61 50.0	A1	6.57 41.74	8.41 79.31	24 33.69	64 47.09	1 06-03	7	0.0 6.77	

決まり手　抜き
進入　1 2 3 4 5 6
着順　1 4 3 5 2 6

12R	単 1着	複 1着	複 2着	人気	3連単	3連複	2連単	2連複	拡連複 1~2	1~3	2~3着
					11	5	1	1	1	3	2
払戻金	190	110	170		4050	1120	670	400	160	200	180

3、2日目、出目の買い方
(1) 番組の情報収集
　　予想の情報は、専門紙、スポーツ新聞、競艇場からの番組表であり、直前情報を必要としないものであり、その内容は全国勝率、当地勝率、初日の成績、早見の4項目であります。
　　この情報を基にして、的中させるものであるから直前情報を収集の時間を省略できます。

(2) 的中内容の高額払戻金
　　1R・・3連複　　 470円－2点（1点が100円の場合、200円）＝　 270円
　　3R・・3連複　5,800円－4点（1点が100円の場合、400円）＝5,400円
　　5R・・3連複　2,360円－3点（1点が100円の場合、300円）＝2,060円
　　7R・・3連複　　外れ　 －4点（1点が100円の場合、400円）＝ －400円
　　9R・・3連複　　 780円－3点（1点が100円の場合、300円）＝　 480円
　　11R・・3連複　1,420円－3点（1点が100円の場合、300円）＝1,120円
　　12R・・3連複　1,120円－3点（1点が100円の場合、300円）＝　 820円
　　　　　　　　 11,950円－(22点　　　　　　　　　　 2,200円）＝9,750円

　このような高額配当が的中できるSG戦を本書で解説したものであり、競艇予想の基本とも言われている追い風、向かい風の推理でもなく、海水による干潮、満潮の推理でもない。自然を読む、変化を読むものでもない。只、比較的安定した気象の自然環境です。
　各競艇場の特徴と風向により、買い方も変化しますが、それに対応する的中を習得するに方向出目との関係も重要です。

(3) 1レースの手順

1R

① 1Rの表から下記の項目を選ぶ

表の1R、1日目、1号艇が全国勝率が1～3以内、当地勝率が1～3以内

　　　　5着、早見7

　　　　2号艇が全国勝率が1～3以内、当地勝率が1～3以内

　　　　5着、早見5

　　　　3号艇は該当なし。

　　　　4号艇が全国勝率が1～3以内、当地勝率が1～3以内

　　　　該当なし。

　　　　5号艇は当地勝率が00

　　　　　6 5着

　　　　6号艇は該当なし。

　　　　　早見6

② 選んだ項目に下線を記入する

1R 予選（左回り3周 H1800m）

艇番	選手 登番/出身	才 血	体重	進入	級 コース	全国勝 2勝率	当地勝 2勝率	モーターNo. 2勝率	ボートNo. 2勝率	開催成績/優出-勝 1 2 3 4 5 6	早見	チルド 展示タイム	部品
1	赤岩善生 3946 愛知	30 A	55	1 91.2	A1	<u>7.28</u> 47.57	<u>7.91</u> 64.44	18 31.72	21 29.45	<u>5</u> 　　　　05-02	<u>7</u>	-0.5 6.90	ケリ プ
2	高濱芳久 3731 広島	32 A	50	25 62.1	A1	<u>7.42</u> 60.80	<u>8.87</u> 80.00	13 25.38	65 32.95	<u>5</u> 　　　　05-03	<u>5</u>	0.0 6.88	プ
3	水野　要 2785 兵庫	51 0	52	31 24675.0	A2	6.07 44.20	5.80 40.00	33 28.46	62 33.13	44 　　　　04-00		0.0 6.82	プ
4	中野次郎 4075 神奈	24 0	53	45 6 70.0	A1	<u>7.17</u> 55.13	<u>6.79</u> 56.14	62 28.86	16 32.41	6 　　　　06-03		+0.5 6.87	キ
5	吉川昭男 3582 滋賀	33 A	50	54 36 64.3	A1	6.85 53.60	<u>0.00</u> <u>0.00</u>	55 25.57	24 37.50	<u>65</u> 　　　　05-02		0.0 8.87	
6	中辻崇人 3876 福岡	29 0	51	65 64.3	A1	6.62 46.56	5.82 39.47	21 38.62	51 36.31	4 　　　　02-00	<u>6</u>	0.0 6.78	

決まり手　まくり

進入　1 2 3 4 5 6

着順　⑥②①③⑤④

1R	単	複	複		3連単	3連複	2連単	2連複	拡連複 1~2,1~3,2~3 着		
	1着	1着	2着	人気	12	1	8	4	4	1	2
払戻金	450	240	150		3820	470	1560	720	220	180	180

③ 1Rの表の下線項目を別表－1に記入すると次のようになる
　この場合の軸は太線であり、相手は二重線となり、組は下線となる。

全国・当地・5着・早見　全 当 5 着 早　　軸━線　相手＝　組－

	1R	2R	3R	4R
1	<u>全 当 5 着 早</u>－3			
2	<u>全 当 5 着 早</u>－2			
3				
4	<u>全 当</u>			
5	<u>00</u> 6 5 着			
6	早－1			
決め手	まくり			
投票点数	2			
3連複	470（的中）			

1号艇はレース結果が3着（早－3の意味は、3着、以下省略）
2号艇はレース結果が2着
6号艇はレース結果が1着

1R	単	複	複		3連単	3連複	2連単	2連複	拡連複 1~2,1~3,2~3 着		
	1着	1着	2着	人気	12	1	8	4	4	1	2
払戻金	450	240	150		3820	470	1560	720	220	180	180

2R

① 2Rの表から下記の項目を選ぶ

表の2R、1日目、1号艇は該当なし。

    2号艇は全国勝率が1～3以内、当地勝率が1～3以内

     早見8

    3号艇は当地勝率が1～3以内

     早見10

    4号艇は該当なし。

     早見7

    5号艇は全国勝率が1～3以内

     早見9

    6号艇は全国勝率が1～3以内、当地勝率が1～3以内

     5着

② 選んだ項目に下線を記入する

2R 予選（左回り3周 H1800m）

艇番	選手 登番/出身	才 血	体重	進入	級 コース	全国勝 2勝率	当地勝 2勝率	モーターNo. 2勝率	ボートNo. 2勝率	開催成績/優出-勝 1 2 3 4 5 6	早見	チルド 展示タイム	部品
1	新美進司 3312 愛知	41 A	51	1 100	A1	6.75 48.70	6.11 33.33	47 23.84	67 29.70	26 　　　　01-00		-0.5 6.88	
2	中村有裕 4012 滋賀	26 O	54	24 15	A1 70.6	<u>7.93</u> 58.46	<u>8.11</u> 66.67	22 40.82	33 32.69	6 　　　　05-00	<u>8</u>	0.0 6.96	プ
3	柏野幸二 3436 岡山	36 B	50	32 5	A1 53.3	7.42 55.93	<u>7.55</u> 54.55	16 43.57	61 35.46	4 　　　　09-01	<u>10</u>	-0.5 6.88	プ
4	笠原　亮 4019 静岡	26 AB	54	64 53	A1 70.0	6.17 35.38	6.57 42.86	23 35.71	19 35.85	1 　　　　07-01	<u>7</u>	0.0 6.90	
5	金子良昭 3156 静岡	41 O	50	53 4	A1 00.0	<u>8.16</u> 68.18	3.64 9.09	74 41.36	74 36.73	6 　　　　09-03	<u>9</u>	-0.5 6.75	
6	後藤　浩 3497 東京	37 B	50	65 	A1 01.6	<u>7.67</u> 61.06	<u>6.84</u> 42.11	59 30.92	72 37.33	<u>5</u> 　　　　04-00		0.0 6.89	プ

決まり手　逃げ
進入　1 2 3 4 5 6
着順　①④③⑥⑤②

2R	単	複	複		3連単	3連複	2連単	2連複	拡連複 1~2,1~3,2~3 着		
	1着	1着	2着	人気	64	5	16	10	9	10	7
払戻金	510	160	120		9230	960	2130	1420	430	470	350

③ 2Rの表の下線項目を別表－1に記入すると次のようになる
この場合の軸は太線であり、相手は二重線となり、組は下線となる。

全国・当地・5着・早見　全 当 5着 早　　軸━線　相手＝　組－

	1R	2R	3R	4R
1	全 当 5着 早－3	－1		
2	全 当 5着 早－2	全 当　　早		
3		当　　早－3		
4	全 当	早－2		
5	00 65着	全　　　早		
6	早－1	全 当 5着		
決め手	まくり	逃げ		
投票点数	2			
3連複	470（的中）			

6号艇の5着は外します。
2Rを投票しないのは、6号艇の5着を外した以外の艇に5着がないからです。

2R	単	複	複		3連単	3連複	2連単	2連複	拡連複 1~2,1~3,2~3着		
	1着	1着	2着	人気	64	5	16	10	9	10	7
払戻金	510	160	120		9230	960	2130	1420	430	470	350

3R

① 3Rの表から下記の項目を選ぶ

表の3R、1日目、1号艇は該当なし。

　　　　　　　　６５着

2号艇は全国勝率が1～3以内

　　　　　　　早9

3号艇は全国勝率が1～3以内、当地勝率が1～3以内

　　　　　　　早見9。

4号艇は当地勝率が1～3以内

　　　　　　　該当なし。

5号艇は全国勝率が1～3以内、当地勝率が1～3以内

　　　　　　　5着

6号艇は当地勝率が00

　　　　　　　該当なし。

30

② 選んだ項目に下線を記入する

3R 予選（左回り3周 H1800m）

艇番	選手 登番/出身	才 血	体重	進入	級 コース	全国勝 2勝率	当地勝 2勝率	モーターNo. 2勝率	ボートNo. 2勝率	開催成績/優出-勝 1 2 3 4 5 6	早見 展示タイム	チルド 部品
1	森　竜也 3268 三重	40 AB	53	1	A1 77.8	6.31 40.00	6.80 44.00	40 32.39	13 38.89	<u>65</u> 　 　 　 　08-02	-0.5 6.94	
2	江口晃生 3159 群馬	41 AB	54	2	A1 60.0	<u>7.29</u> 46.39	6.35 30.00	10 31.41	26 29.30	3 　 　 　 　 　07-02	<u>9</u> -0.5 6.93	
3	太田和美 3557 奈良	33 A	53	34	A1 78.6	<u>7.38</u> 50.54	<u>7.38</u> 12.50	25 36.67	66 29.80	S 　 　 　 　05-00	<u>8</u> -0.5 6.93	プ
4	服部幸男 3422 静岡	35 B	55	43	A1 69.6	7.22 45.71	<u>7.70</u> 59.26	65 29.47	23 30.07	2 　 　 　 　06-03	0.0 6.91	
5	坪井康晴 3959 静岡	28 O	50	54 3	A1 47.4	<u>7.47</u> 52.25	7.33 66.67	54 37.17	46 33.95	<u>51</u> 　 　 　 　04-01	-0.5 6.83	
6	瀬尾達也 2942 徳島	46 A	53	65	A1 50.0	7.04 49.52	<u>0.00</u> <u>0.00</u>	38 31.28	18 37.74	66 　 　 　 　01-01	-0.5 6.88	

決まり手　まくり
進入　1 2 3 4 5 6
着順　⑥⑤①④③②

3R	単 1着	複 1着	複 2着	人気	3連単 117	3連複 19	2連単 26	2連複 11	拡連複 1~2,1~3,2~3 着 11　　15　　9
払戻金	2710	1410	300		49140	5800	8230	2870	770　1180　500

③ 3Rの表の下線項目を別表－1に記入すると次のようになる
この場合の軸は太線であり、相手は二重線となり、組は下線となる。

全国・当地・5着・早見　全 当 5着 早　　軸━線　相手＝　組－

	1R	2R	3R	4R
1	<u>全 当 5着 早－3</u>	－1	<u>5着</u> －3	
2	<u>全 当 5着 早－2</u>	全 当　　早	<u>全　　　早</u>	
3		当　　早－3	<u>全 当　S 早</u>	
4	<u>全 当</u>	早－2	<u>当</u>	
5	<u>00 65着</u>	全　　　早	<u>全 当 5着</u> －2	
6	早－1	全 当 5着	<u>00</u> －1	
決め手	まくり	逃げ	まくり	
投票点数	2		4	
3連複	470（的中）		5800（的中）	

1号艇はレース結果が3着（5着－3の意味は、3着、以下省略）
5号艇はレース結果が2着
6号艇はレース結果が1着

3R	単	複	複		3連単	3連複	2連単	2連複	拡連複	1~2,1	~3,2~3 着
	1着	1着	2着	人気	117	19	26	11	11	15	9
払戻金	2710	1410	300		49140	5800	3230	2870	770	1180	500

4R

① 4Rの表から下記の項目を選ぶ

表の4R、1日目、1号艇は当地勝率が1～3以内

　　　　該当なし。

　　　2号艇は該当なし。

　　　　　5着

　　　3号艇は全国勝率が1～3以内

　　　　早見10

　　　4号艇は当地勝率が1～3以内

　　　　早見10

　　　5号艇は全国勝率が1～3以内、当地勝率が1～3以内

　　　　早見9

　　　6号艇は全国勝率が1～3以内、当地勝率が00

　　　　該当なし。

② 選んだ項目に下線を記入する

4R 予選（左回り 3 周 H1800m）

艇番	選手 登番/出身	才 血	体重	進入 コース	級	全国勝 2勝率	当地勝 2勝率	モーターNo. 2勝率	ボートNo. 2勝率	開催成績/優出-勝 1 2 3 4 5 6	早見	チルド 展示タイム	部品
1	長岡茂一 3227 東京	40 0	50	1	A2 73.3	6.60 52.56	<u>7.45</u> 63.27	34 33.96	52 36.08	33 　　　　02-00		-0.5 6.80	リ
2	池上裕次 3245 埼玉	41 0	52	23 4	A1 73.3	6.22 35.77	7.11 50.00	66 27.88	39 38.22	<u>5</u> 　　　　03-00		0.0 6.88	
3	別府昌樹 3873 広島	29 A	51	35 2	A1 61.1	<u>7.10</u> 58.10	5.69 37.50	15 30.20	57 40.12	3 　　　　05-01	<u>10</u>	0.0 6.80	
4	菊地孝平 3960 静岡	27 AB	53	45 36	A1 87.0	6.64 35.80	<u>8.29</u> 85.71	17 45.93	36 38.51	3 　　　　07-04	<u>10</u>	-0.5 6.87	
5	辻 栄蔵 3719 広島	30 0	49	54	A1 25.0	<u>8.20</u> 58.00	<u>8.22</u> 77.78	11 29.14	30 33.77	4 　　　　07-02	<u>9</u>	0.0 6.77	
6	野長瀬正 3327 静岡	38 0	53	6	A1 50.0	<u>6.94</u> 46.28	<u>0.00</u> 0.00	61 30.99	29 31.06	1 　　　　07-04		-0.5 6.78	

決まり手　まくり

進入　1 2 3 4 6　5L

着順　④③⑥②①　⑤L

4R	単	複	複		3連単	3連複	2連単	2連複	拡連複 1~2,1~3,2~3 着		
	1着	1着	2着	人気	20	6	7	3	3	7	8
払戻金	290	170	170		4120	1060	1300	510	200	340	360

③ 4Rの表の下線項目を別表－1に記入すると次のようになる

この場合の軸は太線であり、相手は二重線となり、組は下線となる。

全国・当地・5着・早見　全当5着早　　軸━線　相手＝　組－

	1R	2R	3R	4R
1	全 当 5着 早－3	－1	5着 －3	当
2	全 当 5着 早－2	全 当　早	全　　　早	5着
3		当　早－3	全 当　S 早	全　　　早－2
4	全 当	早－2	当	当　　　早－1
5	00 65着	全　　早	全 当 5着 －2	全 当　　早
6	早－1	全 当 5着	00 －1	全 00 －3
決め手	まくり	逃げ	まくり	まくり
投票点数	2		4	
3連複	470（的中）		5800（的中）	

3号艇はレース結果が2着（早－2の意味は、2着、以下省略）
4号艇はレース結果が1着
6号艇はレース結果が3着
4Rの5着には全・当・早・00のいずれかの一致がないから投票しない。

4R	単	複	複		3連単	3連複	2連単	2連複	拡連複	1~2,1~3,2~3 着	
	1着	1着	2着	人気	20	6	7	3	3	7	8
払戻金	290	170	170		4120	1060	1300	510	200	340	360

5R

① 5Rの表から下記の項目を選ぶ

表の5R、1日目、1号艇は当地勝率が1～3以内

　　　　　該当なし。

　　　　2号艇は全国勝率が1～3以内

　　　　　早見9

　　　3号艇は該当なし。

　　　　　該当なし。

　　　4号艇は全国勝率が1～3以内

　　　　　53着、早見1

　　　5号艇は全国勝率が1～3以内

　　　　　早見10

　　　6号艇は該当なし。

　　　　　56着

② 選んだ項目に下線を記入する

5R 予選 (左回り3周 H1800m)

艇番	選手 登番/出身	才 血	体重	進入	級 コース	全国勝 2勝率	当地勝 2勝率	モーターNo. 2勝率	ボートNo. 2勝率	開催成績/優出-勝 1 2 3 4 5 6	早見	チルド 展示タイム	部品
1	矢後 剛 3347 東京	39 A	53	16 25	A1 100	6.22 33.68	<u>7.71</u> 63.95	51 33.33	20 34.81	33 　 　 　 　 05-02		0.0 6.91	
2	伊藤誠二 3713 愛知	31 B	54	23 61.1	A1 64.08	<u>7.47</u> 64.08	6.50 60.00	12 34.62	27 35.54	1 　 　 　 　 02-01	<u>9</u>	-0.5 6.93	
3	後藤孝義 3591 静岡	37 A	51	32 4	A2 60.0	6.38 48.08	5.17 27.78	29 39.49	49 29.56	33 　 　 　 　 03-01		0.0 6.90	
4	高濱芳久 3731 広島	32 A	50	34 56	A1 **68.4**	<u>7.42</u> 60.80	<u>8.87</u> 80.00	13 25.38	65 32.95	<u>53</u> 　 　 　 　 05-03	<u>1</u>	0.0 7.32	
5	植木通彦 3285 福岡	37 O	51	52 3	A1 20.0	<u>8.67</u> 68.37	7.47 33.33	57 34.50	69 40.13	3 　 　 　 　 08-02	10	0.0 7.0	
6	原田幸哉 3779 愛知	30 B	53	65 24	A1 37.5	7.59 53.17	<u>7.63</u> 57.89	27 33.93	25 43.40	56 　 　 　 　 05-01		0.0 7.11	プ

決まり手　逃げ

進入１３４５６２

着順①②④③⑤⑥

5R	単	複	複		3連単	3連複	2連単	2連複	拡連複 1~2, 1~3, 2~3 着		
	1着	1着	2着	人気	47	13	5	6	8	7	6
払戻金	290	140	140		9980	2360	1390	1090	380	360	340

③ 5Rの表の下線項目を別表－1に記入すると次のようになる
この場合の軸は太線であり、相手は二重線となり、組は下線となる。

全国・当地・5着・早見　全 当 5着 早　　軸━線　相手＝　組－

		5R	6R	7R	8R
1		当　　－1			
2		全　　　早－2			
3					
4		全　　5着 早－3			
5		全　　　早			
6	5着は外し	5着			
決め手		逃げ			
投票点数		3			
3連複		2360			
		上の全早が相手			

1号艇はレース結果が1着（当－1の意味は、1着、以下省略）

2号艇はレース結果が2着

4号艇はレース結果が3着

6号艇の5着は外します。

5R	単	複	複		3連単	3連複	2連単	2連複	拡連複	1~2,1	~3,2~3着
	1着	1着	2着	人気	47	13	5	6	8	7	6
払戻金	290	140	140		9980	2360	1390	1090	380	360	340

38

6R

① 6Rの表から下記の項目を選ぶ

表の6R、1日目、1号艇は該当なし。

　　　　　　　該当なし。

　　　　2号艇は該当なし。

　　　　　　早6

　　　　3号艇は該当なし。

　　　　　　該当なし。

　　　　4号艇は全国勝率が1～3以内、当地勝率が1～3以内

　　　　　　早見12

　　　　5号艇は全国勝率が1～3以内、当地勝率が1～3以内

　　　　　　早見10

　　　　6号艇は全国勝率が1～3以内、当地勝率が1～3以内

　　　　　　早見11

② 選んだ項目に下線を記入する

6R 予選（左回り3周 H1800m）

艇番	選手 登番/出身	才 血	体重	進入	級 コース	全国勝 2勝率	当地勝 2勝率	モーターNo. 2勝率	ボートNo. 2勝率	開催成績/優出-勝 1 2 3 4 5 6	早見	チルド 展示タイム	部品
1	横西奏恵 3774 徳島	31 A	47 6	12 82.6	A2	7.10 58.65	5.89 55.56	72 27.89	70 34.23	2 　　　　06-03		0.0 6.86	
2	中辻崇人 3876 福岡	29 O	51	23 63.2	A1	6.62 46.56	5.82 39.47	21 38.62	51 36.31	4 　　　　02-00	<u>6</u>	0.0 7.00	
3	徳増秀樹 3744 静岡	31 A	51 5	34 69.2	A1	7.52 65.14	5.86 42.86	63 34.25	75 29.37	6 　　　　04-00		0,0 7.00	シリップ
4	仲口博崇 3554 愛知	33 A	50 35	42 57.1	A1	<u>7.73</u> 52.89	<u>7.65</u> 35.29	75 35.03	44 41.21	2 　　　　03-01	<u>12</u>	-0.5 6.86	
5	深川真二 3623 佐賀	31 B	49 36	52 36.4	A1	<u>7.67</u> 60.00	6.89 44.44	26 43.15	48 34.71	3 　　　　05-03	<u>10</u>	0.0 6.84	
6	山崎智也 3622 群馬	32 A	52 4	65 66.7	A1	<u>8.27</u> 57.14	<u>8.50</u> 67.39	32 33.71	28 35.37	2 　　　　05-02	<u>11</u>	-0.5 7.20	

決まり手　逃げ

進入　１２４３５６

着順　１２６３４５

6R	単	複	複		3連単	3連複	2連単	2連複	拡連複 1~2,1~3,2~3 着		
	1着	1着	2着	人気	24	7	7	4	5	8	7
払戻金	400	250	200		6000	1520	1610	860	330	450	440

③ 6Rの表の下線項目を別表－1に記入すると次のようになる
この場合の軸は太線であり、相手は二重線となり、組は下線となる。

全国・当地・5着・早見　全 当 5着 早　　軸━線　相手＝　組－

	5R	6R	7R	8R
1	当　－1	－1		
2	全　　　早－2	早－2		
3				
4	全　5着 早－3	全 当　　早		
5	全　　　早	全 当　　早		
6　5着は外し	5着	全 当　　早－3		
決め手	逃げ	逃げ		
投票点数	3			
3連複	2360			
	上の金早が相手			

1号艇はレース結果が1着
2号艇はレース結果が2着
6号艇はレース結果が3着（早－3の意味は、3着、以下省略）
6Rを投票しないのは初日の成績に5着がないからです。

6R	単	複	複		3連単	3連複	2連単	2連複	拡連複	1~2,1	~3,2~3着
	1着	1着	2着	人気	24	7	7	4	5	8	7
払戻金	400	250	200		6000	1520	1610	860	330	450	440

7R

① 7Rの表から下記の項目を選ぶ

表の7R、1日目、1号艇は当地勝率が1～3以内

　　　早見12

2号艇は該当なし。

　　　早7

3号艇は全国勝率が1～3以内、当地勝率が1～3以内

　　　52着、早見1

4号艇は該当なし。

　　　該当なし。

5号艇は全国勝率が1～3以内

　　　該当なし。

6号艇は当地勝率が1～3以内

　　　早見11

② 選んだ項目に下線を記入する

7R 予選（左回り3周 H1800m）

艇番	選手 登番/出身	才 血	体重	進入 コース	級	全国勝 2勝率	当地勝 2勝率	モーターNo. 2勝率	ボートNo. 2勝率	開催成績/優出-勝 1 2 3 4 5 6	早見	チルド 展示タイム	部品
1	勝野竜司 3697 兵庫	33 B	51	13 94.6	A1	6.57 41.74	<u>8.41</u> 79.31	24 33.69	64 47.09	1 　　　　　　06-03	<u>12</u>	0.0 6.84	
2	笠原　亮 4019 静岡	26 AB	54	23 46 73.3	A1	6.17 35.38	6.57 42.86	23 35.71	19 35.85	1 　　　　　　07-01	<u>7</u>	-0.5 6.81	
3	赤岩善生 3946 愛知	30 A	55	35 6 79.3	A1	<u>7.28</u> 47.57	7.91 64.44	18 31.72	21 29.45	52 　　　　　　05-02	<u>1</u>	0.0 6.97	
4	守田俊介 3721 京都	30 A	55	46 25 73.9	A1	<u>7.98</u> 67.03	6.65 40.00	41 37.76	15 40.13	35 　　　　　　08-03		0.0 6.94	
5	田中　豪 3792 東京	33 A	52	54 73.3	A1	<u>7.59</u> 61.46	7.07 58.16	69 29.91	45 44.25	2 　　　　　　06-01		-0.5 6.76	ピリ
6	山本浩次 3558 岡山	33 A	52	56 33.3	A1	7.03 43.96	<u>8.00</u> 47.06	73 48.92	31 30.43	4 　　　　　　07-04	<u>11</u>	-0.5 7.11	

決まり手　抜き
進入　1 2 3 4 5 6
着順　5 3 2 6 1 4

7R	単 1着	複 1着	複 2着	人気	3連単 106	3連複 16	2連単 24	2連複 14	拡連複 1~2,1~3,2~3 着 10　5　9
払戻金	650	230	360		34720	3390	6470	3110	550　340　480

③ 7Rの表の下線項目を別表－1に記入すると次のようになる

この場合の軸は太線であり、相手は二重線となり、組は下線となる。

全国・当地・5着・早見　全当5着早　軸━線　相手＝　組－

	5R	6R	7R	8R
1	<u>当</u>　　－1	－1	当　早	
2	<u>全</u>　　　早－2	早－2	早－3	
3			<u>全　当　5着　早</u>－2	
4	<u>全　　5着　早</u>－3	全当　　早	全　　5着	
5	<u>全</u>　　　早	全当　早	全　　　－1	3
6　5着は外し	5着	全当　早－3	当　早	
決め手	逃げ	逃げ	抜き	
投票点数	3		4	
3連複	2360		3390　外れ	
	上の金早が相手			

1号艇はレース結果が1着

2号艇はレース結果が2着

6号艇はレース結果が3着（早－3の意味は、3着、以下省略）

4号艇の相手が6着で外れ。

7R	単	複	複		3連単	3連複	2連単	2連複	拡連複	1~2,1~3,2~3着	
	1着	1着	2着	人気	106	16	24	14	10	5	9
払戻金	650	230	360		34720	3390	6470	3110	550	340	480

8R

① 8Rの表から下記の項目を選ぶ

　表の8R、1日目、1号艇は当地勝率が1～3以内

　　　　　早見12

　　　　2号艇は全国勝率が1～3以内

　　　　　該当なし。

　　　　3号艇は全国勝率が1～3以内、当地勝率が1～3以内

　　　　　早見2

　　　　4号艇は該当なし。

　　　　　該当なし。

　　　　5号艇は該当なし。

　　　　　早見3

　　　　6号艇は全国勝率が1～3以内、当地勝率が1～3以内

　　　　　該当なし。

② 選んだ項目に下線を記入する

8R 予選（左回り3周 H1800m）

艇番	選手 登番/出身	才 血	体重	進入 コース	級	全国勝 2勝率	当地勝 2勝率	モーターNo. 2勝率	ボートNo. 2勝率	開催成績/優出-勝 1 2 3 4 5 6	早見	チルド 展示タイム	部品
1	池田浩二 3941 愛知	27 0	54	1 96.8	A1	7.05 45.54	<u>7.50</u> 43.75	20 33.72	55 31.03	4 07-04	<u>12</u>	-0.5 6.86	
2	松野京吾 3056 山口	49 A	48	21 77.8	A1	<u>7.71</u> 66.42	5.84 44.74	43 33.91	71 39.01	41 06-01		0.0 6.85	
3	中村有裕 4012 滋賀	26 0	54	34 256 66.7	A1	<u>7.93</u> 58.46	<u>8.11</u> 66.67	22 40.82	33 32.69	6 05-00	<u>2</u>	+0.5 6.90	
4	中澤和志 3952 宮城	29 AB	54	43 5 66.7	A1	6.94 47.92	6.54 40.00	39 37.65	17 39.24	12 01-00		0.0 6.80	
5	太田和美 3557 奈良	33 AB	53	54 47.4	A1	7.38 50.54	7.38 12.50	25 36.67	66 29.80	S 05-00	<u>3</u>	-0.5 6.84	プ
6	今垣光太 3388 石川	36 A	50	64 235 00.0	A1	<u>7.57</u> 54.70	<u>8.67</u> 55.56	64 36.36	14 36.53	1 08-02		0.0 6.73	

決まり手　まくり差し

進入１２３４５６

着順４３５１２６

8R	単	複	複		3連単	3連複	2連単	2連複	拡連複 1~2,1~3,2~3 着		
	1着	1着	2着	人気	53	13	13	6	10	4	13
払戻金	310	190	340		10310	1890	2490	1060	540	300	770

③ 8Rの表の下線項目を別表－1に記入すると次のようになる
　この場合の軸は太線であり、相手は二重線となり、組は下線となる。

全国・当地・5着・早見　全 当 5着 早　　軸━線　相手＝　組－

	5R	6R	7R	8R
1	<u>当</u>　　　－1	－1	当　　　早	当　　　早
2	<u>全</u>　　　　早－2	早－2	早－3	全
3		全 当　5着 早－2	全 当　　早－2
4	<u>全</u>　　5着 早－3	全 当　　早	<u>全</u>　　5着	－1
5	<u>全</u>　　　早	全 当　　早	全　　　－1	早－3
6　5着は外し	5着	全 当　　早－3	当　　　早	全 当
決め手	逃げ	逃げ	抜き	まくり差し
投票点数	3		4	
3連複	2360		3390　外れ	
	上の金早が相手			

3号艇はレース結果が2着
4号艇はレース結果が1着
5号艇はレース結果が3着（早－3の意味は、3着、以下省略）
8Rを投票しないのは初日の成績に5着がないからです。

8R	単	複	複		3連単	3連複	2連単	2連複	拡連複	1~2,1~3,2~3着	
	1着	1着	2着	人気	53	13	13	6	10	4	13
払戻金	310	190	340		10310	1890	2490	1060	540	300	770

9R

① 9Rの表から下記の項目を選ぶ

　表の9R、1日目、1号艇は欠場

　　　　　　欠場

　　　2号艇は全国勝率が1～3以内、当地勝率が1～3以内

　　　　　　早見2

　　　3号艇は当地勝率が1～3以内

　　　　　　早見5

　　　4号艇は当地勝率00

　　　　　1 5着

　　　5号艇は該当なし。

　　　　　該当なし。

　　　6号艇は当地勝率が1～3以内

　　　　　該当なし。

② 選んだ項目に下線を記入する

9R 予選（左回り3周 H1800m）

艇番	選手 登番/出身	才 血	体重	進入	級 コース	全国勝 2勝率	当地勝 2勝率	モーターNo. 2勝率	ボートNo. 2勝率	開催成績/優出-勝 1 2 3 4 5 6	早見	チルド 展示タイム	部品
1	辻 栄蔵 3719 広島	30 0	49	1	A1 96.8	8.20 58.00	8.22 77.78	11 29.14	30 33.77	4 07-02	4		
2	金子良昭 3156 静岡	41 0	50	2	A1 64.5	8.16 68.18	3.64 9.09	74 41.36	74 36.73	6 09-03	2	0.0 6.66	
3	伊藤誠二 3713 愛知	31 B	54	34	A1 47.4	7.47 64.08	6.50 60.00	12 34.62	27 35.54	1 02-01	5	-0.5 6.84	
4	湯川浩司 4044 大阪	26 A	51	45	A1 65.2	7.85 60.32	0.00 0.00	49 42.95	47 33.54	15 03-01		+0.5 6.80	
5	江口晃生 3159 群馬	41 AB	54	23 546	A1 56.3	7.29 46.39	6.35 30.00	10 31.41	26 29.30	3 07-02	3	-0.5 6.87	
6	吉川元浩 3854 兵庫	33 0	49	65 3	A1 12.5	8.02 56.41	0.00 0.00	46 39.04	34 31.41	14 07-03		0.0 6.71	

決まり手　逃げ
進入　245６3
着順　②⑤④⑥③　①K

9R	単 1着	複 1着	複 2着	人気	3連単	3連複	2連単	2連複	拡連複 1~2	1~3	2~3 着
					19	5	6	5	6	3	9
払戻金	360	160	350		3740	760	1100	800	290	240	340

③ 9Rの表の下線項目を別表－1に記入すると次のようになる
この場合の軸は太線であり、相手は二重線となり、組は下線となる。

全国・当地・5着・早見　全 当 5着 早　　軸━━線　相手＝　組－

	9R	10R	11R	12R
1	欠場			
2	全　　　　早－1			
3	当　　　　早			
4	00　5着　－3			
5	当　　　　早－2			
6	当			
決め手	逃げ			
投票点数	3			
3連複	760			

2号艇はレース結果が1着（早－1の意味は、1着、以下省略）

4号艇はレース結果が3着

5号艇はレース結果が2着

9R	単	複	複		3連単	3連複	2連単	2連複	拡連複 1〜2,1〜3,2〜3 着		
	1着	1着	2着	人気	19	5	6	5	6	3	9
払戻金	360	160	350		3740	760	1100	800	290	240	340

50

[10R]

① 10Rの表から下記の項目を選ぶ

　表の10R、1日目、1号艇は当地勝率が1～3以内

　　　　　　早見4

　　　2号艇は全国勝率が1～3以内

　　　　　　早見5

　　　3号艇は該当なし。

　　　　　　該当なし。

　　　4号艇は全国勝率が1～3以内、当地勝率が1～3以内

　　　　　　早見6

　　　5号艇は当地勝率が1～3以内

　　　　　　早見2

　　　6号艇は全国勝率が1～3以内

　　　　　　該当なし。

② 選んだ項目に下線を記入する

10R 予選（左回り3周 H1800m）

艇番	選手 登番/出身	才 血	体重	進入 コース	級	全国勝 2勝率	当地勝 2勝率	モーターNo. 2勝率	ボートNo. 2勝率	開催成績/優出-勝 1 2 3 4 5 6	早見	チルド 展示タイム	部品
1	菊地孝平 3960 静岡	27 AB	53	12 87.9	A1	6.64 35.80	<u>8.29</u> 85.71	17 45.93	36 38.51	3 　　　07-04	<u>4</u>	-0.5 6.78	プ
2	植木通彦 3285 福岡	37 0	51	23 87.5	A1	<u>8.67</u> 68.37	7.47 33.33	57 34.50	69 40.13	3 　　　08-02	<u>5</u>	00 6.78	
3	平尾崇典 3822 岡山	33 AB	49	31 2　67.9	A1	6.58 40.38	0.00 0.00	60 47.54	59 30.00	1 　　　06-01		-0.5 6.77	
4	深川真二 3623 佐賀	31 B	49	42 53　55.0	A1	<u>7.67</u> 60.00	<u>6.89</u> 44.44	26 43.15	48 34.71	3 　　　05-03	<u>6</u>	0.0 6.75	
5	柏野幸二 3436 岡山	36 B	50	53 46.2	A1	7.42 55.93	<u>7.55</u> 54.55	16 43.57	61 35.46	4 　　　09-01	<u>2</u>	-0.5 6.85	
6	森高一真 4030 香川	27 AB	52	64 5　64.3	A1	<u>7.70</u> 54.40	6.17 44.44	31 33.90	11 40.91	24 　　　04-00		0.0 6.87	

決まり手　まくり差し

進入１２３４６５

着順４６５３２１

10R	単 1着	複 1着	複 2着	人気	3連単	3連複	2連単	2連複	拡連複 1~2,1~3,2~3 着		
					93	18	23	14	14	11	15
払戻金	820	350	760		33600	4640	6350	4070	1090	820	1370

③ 10Rの表の下線項目を別表－1に記入すると次のようになる。
　この場合の軸は太線であり、相手は二重線となり、組は下線となる。

全国・当地・5着・早見　全 当 5 着 早　　軸━線　相手＝　組－

	9R	10R	11R	12R
1	欠場	当　　　早		
2	全　　　　早－1	全　　　早		
3	当　　早			
4	00 5着　－3	全 当　　早－1		
5	当　　早－2	当　　早－3		
6	当	全　　　－2		
決め手	逃げ	まくり差し		
投票点数	3			
3連複	760			

4号艇はレース結果が1着
5号艇はレース結果が3着
6号艇はレース結果が2着（全－2の意味は、2着、以下省略）
10Rを投票しないのは初日の成績に5着がないからです。

10R	単	複	複		3連単	3連複	2連単	2連複	拡連複 1~2,1~3,2~3 着		
	1着	1着	2着	人気	93	18	23	14	14	11	15
払戻金	320	350	760		33600	4640	6350	4070	1090	820	1370

|11R|

① 11Rの表から下記の項目を選ぶ

表の11R、1日目、1号艇は該当なし。

該当なし。

2号艇は全国勝率が1～3以内、当地勝率が1～3以内

該当なし。

3号艇は全国勝率が1～3以内、当地勝率が1～3以内

早見6

4号艇は当地勝率が1～3以内

早見7

5号艇は全国勝率が1～3以内

15着

6号艇は該当なし。

早見4

② 選んだ項目に下線を記入する

11R 予選（左回り3周 H1800m）

艇番	選手 登番/出身	才 血	体重	進入	級 コース	全国勝 2勝率	当地勝 2勝率	モーターNo. 2勝率	ボートNo. 2勝率	開催成績/優出-勝 1 2 3 4 5 6	早見	チルド 展示タイム	部品
1	吉田徳夫 3452 愛知	35 B	54	1	A1 78.4	7.00 57.93	6.00 40.00	50 39.74	41 35.44	46 　　　　09-04		0.0 6.92	
2	瓜生正義 3783 福岡	30 A	51	24	A1 100	<u>7.45</u> 55.10	<u>8.47</u> 58.82	70 34.12	12 36.67	2 　　　　08-01		0.0 6.86	プ
3	山崎智也 3622 群馬	32 A	52	34	A1 50.0	<u>8.27</u> 57.14	<u>8.50</u> 67.39	32 33.71	28 35.37	2 　　　　05-02	<u>6</u>	0.0 6.80	
4	山本浩次 3558 岡山	33 A	52	43 5	A1 80.8	7.03 43.96	<u>8.00</u> 47.06	73 48.92	31 30.43	4 　　　　07-04	<u>7</u>	-0.5 6.89	
5	井口佳典 4024 三重	28 A	54	56	A1 81.0	<u>8.00</u> 62.88	7.22 50.00	28 31.89	63 36.31	1<u>5</u> 　　　　07-02		-0.5 6.75	
6	別府昌樹 3873 広島	29 A	51	56	A1 45.5	7.10 58.10	5.69 37.50	15 30.20	57 40.12	3 　　　　05-01	<u>4</u>	0.0 6.83	

決まり手　まくり
進入１２３４５６
着順５６３１４２

11R	単	複	複		3連単	3連複	2連単	2連複	拡連複 1~2,1~3,2~3 着		
	1着	1着	2着	人気	54	7	19	12	14	2	6
払戻金	450	290	660		12000	1420	4090	2900	660	220	380

③ 11Rの表の下線項目を別表－1に記入すると次のようになる
　　この場合の軸は太線であり、相手は二重線となり、組は下線となる。

全国・当地・5着・早見　全 当 5着 早　　軸━線　相手＝　組－

	9R	10R	11R	12R
1	欠場	当　　早		
2	全　　　　早－1	全　　　　早	全　当	
3	当　　早		全　当　　早－3	
4	00 5着　－3	全　当　　早	当　　早	
5	当　　早－2	当　　早	全　　5着　－1	
6	当	全		早－2
決め手	逃げ	まくり差し	まくり	
投票点数	3		3	
3連複	760		1420	

3号艇はレース結果が3着（当－3の意味は、3着、以下省略）
5号艇はレース結果が1着
6号艇はレース結果が2着

11R	単	複	複		3連単	3連複	2連単	2連複	拡連複	1~2,1	~3,2~3着
	1着	1着	2着	人気	54	7	19	12	14	2	6
払戻金	450	290	660		12000	1420	4090	2900	660	220	380

56

12R

① 12Rの表から下記の項目を選ぶ

表の12R、1日目、1号艇は全国勝率が1～3以内、当地勝率が1～3以内

早見6

2号艇は全国勝率が1～3以内、当地勝率が1～3以内

該当なし。

3号艇は該当なし。

早見8

4号艇は全国勝率が1～3以内、当地勝率が1～3以内

5着

5号艇は該当なし。

該当なし。

6号艇は該当なし。

早見7

② 12Rの表の下線項目を別表－1に記入すると次のようになる
　この場合の軸は太線であり、相手は二重線となり、組は下線となる。

12R 予選（左回り3周 H1800m）

艇番	選手登番/出身	才血	体重	進入	級コース	全国勝2勝率	当地勝2勝率	モーターNo.2勝率	ボートNo.2勝率	開催成績/優出-勝 1 2 3 4 5 6	早見	チルド展示タイム	部品
1	仲口博崇 3554 愛知	33 A	50	1	A1 89.5	<u>7.73</u> 52.89	<u>7.65</u> 35.29	75 35.03	44 41.21	2　　　　　03-01	<u>6</u>	-0.5 6.87	
2	上瀧和則 3307 佐賀	37 A	51	21 43.3	A1	7.59 48.45	<u>7.88</u> 37.50	36 34.87	37 31.52	24　　　　03-00		-0.5 6.88	リ
3	池田浩二 3941 愛知	27 0	54	34 5	A1 89.5	7.05 45.54	7.50 43.75	20 33.72	55 31.03	4　　　　07-04	<u>8</u>	-0.5 6.90	
4	濱野谷憲 3590 東京	32 A	54	43 5	A1 52.4	<u>7.21</u> 47.42	<u>8.53</u> 71.67	71 36.27	10 29.50	<u>5</u>　　　06-03		0.0 6.92	
5	寺田祥 3942 山口	27 0	53	56 4	A1 44.4	6.46 39.33	4.78 0.00	45 34.78	56 36.02	22　　　　05-02		-0.5 6.95	リプ
6	勝野竜司 3697 兵庫	33 B	51	61	A1 50.0	6.57 41.74	8.41 79.31	24 33.69	64 47.09	1　　　　06-03	<u>7</u>	0.0 6.77	

決まり手　抜き
進入　1 2 3 4 5 6
着順　1 4 3 5 2 6

12R	単 1着	複 1着	複 2着	人気	3連単	3連複	2連単	2連複	拡連複 1~2, 1~3, 2~3着		
					11	5	1	1	1	3	2
払戻金	190	110	170		4050	1120	670	400	160	200	180

58

③ 12Rの表の下線項目を別表－1に記入すると次のようになる
　この場合の軸は太線であり、相手は二重線となり、組は下線となる。

全国・当地・5着・早見　全 当 5着 早　　軸━━線　相手＝　組－

	9R	10R	11R	12R
1	欠場	当　　早		全 当　　　早－1
2	全　　　　早－1	全　　　早	全 当	全 当
3	当　　早		全 当　　早－3	早－3
4	00 5着　　－3	全 当　　早	当　　早	全 当 5着　　－2
5	当　　早－2	当　　早	全　　5着　－1	
6	当	全	早－2	早
決め手	逃げ	まくり差し	まくり	抜き
投票点数	3		3	3
3連複	760		1420	1120

1号艇はレース結果が1着（早－1の意味は、1着、以下省略）
3号艇はレース結果が3着
4号艇はレース結果が2着

12R	単	複	複		3連単	3連複	2連単	2連複	拡連複	1~2,1	~3,2~3 着
	1着	1着	2着	人気	11	5	1	1	1	3	2
払戻金	190	110	170		4050	1120	670	400	160	200	180

4、水面気象情報と勝率・早見による方向の出目
　⑴　１Ｒの方向出目
　　①　１Ｒの番組表

第　　２日　　　　　　2006/ 3/17　ＳＧ第４１回総理大臣　平和島　競艇場
1R　予　　選　　　　　　　　　H1800m　電話投票締切予定 10:45

艇　選手　選手　年　出　体級　　全国　　　当地　　モーター　ボート　今節成績　早
番　登番　名　　齢　身　重別　勝率　２率　勝率　２率　NO　２率　NO　２率　１２３４５６ 見

1　3946　赤岩善生 30 愛知 55A1　7.28　47.57　7.91　64.44　18　31.72　21　29.45　5　　　　7
2　3731　高濱芳久 32 広島 50A1　7.42　60.80　8.87　80.00　13　25.38　65　32.95　5　　　　5
3　2785　水野　要 51 兵庫 52A2　6.07　44.20　5.80　40.00　33　28.46　62　33.13　44
4　4075　中野次郎 24 神奈 53A1　7.17　55.13　6.79　56.14　62　28.86　16　32.41　6
5　3582　吉川昭男 33 滋賀 50A1　6.85　53.60　0.00　0.00　55　25.57　24　37.50　65
6　3876　中辻崇人 29 福岡 51A1　6.62　46.56　5.82　39.47　21　38.62　51　36.31　4　　　　6

　　　　この番組表は主催者が発行しているものです。（以下、同上省略）

② １Ｒの方向出目表

	1R	2R	3R	4R	5R	6R	7R	8R	9R	10R	11R	12R
1=2												
1=3												
1=4		○										
1=5												
1=6												
2=3												
2=4												
2=5												
2=6	●											
3=4												
3=5												
3=6												
4=5												
4=6		○										
5=6		○										
人気	4											
連複	720											
全国	214											
当地	214											
早見	126											
風向	向い											

上記の右枠の全国・当地は１～３着順の艇番表示であり、早見も艇番表示。（以下、省略）
方向の出目予想は山～谷の最初の出目の出発点が決まらないと方向の予想が立たない訳です。
従って、２レース以降の予想となります。
２レースの予想、１レースが２－６の真ん中であるから、山か谷の二通りの方向に分かれる。
２Ｒの予想；全国勝率は５号艇が①、当地勝率は２号艇が①　早見３、４号艇で有望な勝率に
○印で予想。　気象は晴れで一定しているから考慮しない。（以下、同上で省略）

③ 1Rの気象情報と結果

  天　候　晴れ
  波　高　5cm
  風　向　向い風
  風　速　8m
  気　温　15.0℃
  水　温　16.0℃
  流　速
  水　位
  満潮時刻
  干潮時刻

決まり手　まくり
進入　1 2 3 4 5 6
着順　⑥②①③⑤④

1R	単	複	複	人気	3連単	3連複	2連単	2連複	拡連複	1~2,	1~3,	2~3 着
	1着	1着	2着		12	1	8	4	4	1	2
払戻金	450	240	150		3820	470	1560	720	220	180	180

(2) 2Rの方向出目
　① 2Rの番組表

```
2R 予　　　選　　　　　　　H1800m　電話投票締切予定 11:11
----------------------------------------------------------------
艇 選手 選手　　年 出 体級　全国　　　当地　　　モーター　ボート　　　今節成績　早
番 登番  名　　齢 身 重別  勝率 2率  勝率 2率  NO 2率   NO 2率   1 2 3 4 5 6 見
----------------------------------------------------------------
1 3312 新美進司 41 愛知 51A1 6.75 48.70 6.11 33.33 47 23.84 67 29.70 2 6
2 4012 中村有裕 26 滋賀 54A1 7.93 58.46 8.11 66.67 22 40.82 33 32.69 6         8
3 3436 柏野幸二 36 岡山 50A1 7.42 55.93 7.55 54.55 16 43.57 61 35.46 4         10
4 4019 笠原　亮 26 静岡 54A1 6.17 35.38 6.57 42.86 23 35.71 19 35.85 1         7
5 3156 金子良昭 41 静岡 50A1 8.16 68.18 3.64  9.09 74 41.36 74 36.73 6         9
6 3497 後藤　浩 37 東京 50A1 7.67 61.06 6.84 42.11 59 30.92 72 37.33 5
```

全国勝率の1～3の順位は6号艇、2号艇、6号艇
当地勝率の1～3の順位は2号艇、3号艇、6号艇
早見は2号艇、3号艇、4号艇、5号艇

② 2Rの方向出目表

	1R	2R	3R	4R	5R	6R	7R	8R	9R	10R	11R	12R
1=2												
1=3												
1=4		●										
1=5												
1=6												
2=3												
2=4												
2=5												
2=6	●											
3=4												
3=5												
3=6												
4=5			○									
4=6			○									
5=6			○									
人気	4	10										
連複	720	1420										
全国*	124	526										
当地*	124	236										
早見+	126	2345										
風向	向い	向い	向い									

3Rの予想；全国勝率は4号艇が①、当地勝率は5号艇が①　早見2、3号艇で有望な勝率に○印で予想。

気象は晴れで一定しているから考慮しない。

谷方向として、4＝5、4＝6、5＝6

③ 2Rの気象情報と結果

　　　天　候　晴れ
　　　波　高　4cm
　　　風　向　向い風
　　　風　速　8m
　　　気　温　15.0℃
　　　水　温　15.0℃
　　　流　速
　　　水　位
　　　満潮時刻
　　　干潮時刻

決まり手　逃げ
進入　1 2 3 4 5 6
着順　①④③⑥⑤②

2R	単	複	複		3連単	3連複	2連単	2連複	拡連複 1~2,1~3,2~3 着		
	1着	1着	2着	人気	64	5	16	10	9	10	7
払戻金	510	160	120		9230	960	2130	1420	430	470	350

(3) 3Rの方向出目
① 3Rの番組表

3R 予　　選　　　　　　　H1800m　電話投票締切予定 11:38

艇 選手 選手 年 出 体級　全国　　当地　　モーター　ボート　今節成績　早
番 登番 名　齢 身 重別 勝率 2率 勝率 2率 NO 2率 NO 2率 1 2 3 4 5 6 見
----
1 3268 森　竜也 40 三重 53A1 6.31 40.00 6.80 44.00 40 32.39 13 38.89 65
2 3159 江口晃生 41 群馬 54A1 7.29 46.39 6.35 30.00 10 31.41 26 29.30 3　　　　9
3 3557 太田和美 33 奈良 53A1 7.38 50.54 7.38 12.50 25 36.67 66 29.80 S　　　　8
4 3422 服部幸男 35 静岡 55A1 7.22 45.71 7.70 59.26 65 29.47 23 30.07 2
5 3959 坪井康晴 28 静岡 50A1 7.47 52.25 7.33 66.67 54 37.17 46 33.95 51
6 2942 瀬尾達也 46 徳島 53A1 7.04 49.52 0.00 0.00 38 31.28 18 37.74 66

全国勝率の1～3の順位は2号艇、3号艇、5号艇
当地勝率の1～3の順位は3号艇、4号艇、5号艇
早見は2号艇、3号艇

② 3Rの方向出目表

	1R	2R	3R	4R	5R	6R	7R	8R	9R	10R	11R	12R
1=2												
1=3												
1=4		●		○								
1=5				○								
1=6												
2=3												
2=4												
2=5												
2=6	●											
3=4				○								
3=5				○								
3=6												
4=5												
4=6												
5=6			●									
人気	4	10	11									
連複	720	1420	2870									
全国	124	126	235									
当地	124	236	345									
早見	126	2345	23									
風向	向い	向い	向い	向い								

4Rの予想；全国勝率は5号艇が①、当地勝率は4号艇が①　早見3、4、5号艇で有望な勝率に○印で予想。

山方向として、1＝4、1＝5、3＝4、3＝5

気象は晴れで一定しているから考慮しない。

③ 3Rの気象情報と結果

　　　天　候　晴　れ
　　　波　高　10cm
　　　風　向　向い風
　　　風　速　12m
　　　気　温　16.0℃
　　　水　温　16.0℃
　　　流　速
　　　水　位
　　　満潮時刻
　　　干潮時刻

決まり手　まくり
進入　1 2 3 4 5 6
着順　⑥⑤①④③②

3R	単	複	複		3連単	3連複	2連単	2連複	拡連複	1~2,1~3,2~3着	
	1着	1着	2着	人気	117	19	26	11	11	15	9
払戻金	2710	1410	300		49140	5800	8230	2870	770	1180	500

(4) 4Rの方向出目
　① 4Rの番組表

4R　予　　選　　　　　　　H1800m　電話投票締切予定 12:06

艇 選手 選手　年 出 体級　全国　　　当地　　　モーター　ボート　今節成績　　早
番 登番　名　齢 身 重別　勝率 2率　勝率 2率　NO 2率　NO 2率　1 2 3 4 5 6 見
----
1 3227 長岡茂一 40 東京 50A2 6.60 52.56 7.45 63.27 34 33.96 52 36.08 33
2 3245 池上裕次 41 埼玉 52A1 6.22 35.77 7.11 50.00 66 27.88 39 38.22 5
3 3873 別府昌樹 29 広島 51A1 7.10 58.10 5.69 37.50 15 30.20 57 40.12 3　　　11
4 3960 菊地孝平 27 静岡 53A1 6.64 35.80 8.29 85.71 17 45.93 36 38.51 3　　　10
5 3719 辻　栄蔵 30 広島 49A1 8.20 58.00 8.22 77.78 11 29.14 30 33.77 4　　　 9
6 3327 野長瀬正 38 静岡 53A1 6.94 46.28 0.00 0.00 61 30.99 29 31.06 1

全国勝率の1～3の順位は5号艇、3号艇、6号艇
当地勝率の1～3の順位は4号艇、5号艇、1号艇
早見は3号艇、4号艇、5号艇

② 4Rの方向出目表

	1R	2R	3R	4R	5R	6R	7R	8R	9R	10R	11R	12R
1=2					○							
1=3												
1=4		●			○							
1=5					○							
1=6												
2=3												
2=4					○							
2=5					○							
2=6	●											
3=4				●								
3=5												
3=6												
4=5					○							
4=6												
5=6			●									
人気	4	10	11	3								
連複	720	1420	2870	510								
全国	124	126	235	356								
当地	124	236	345	145								
早見	126	2345	23	11, 10								
早見				9								
風向	向い	向い	向い	向い	向い							

5Rの予想；全国勝率は5号艇が①、当地勝率は4号艇が① 早見2、4、5号艇で有望な勝率に○印で予想。

山方向として、1＝2、1＝4、1＝5、2＝4、2＝5

谷方向として、4＝5、気象は晴れで一定しているから考慮しない。

③ 4Rの気象情報と結果

  天　候　晴れ
  波　高　15cm
  風　向　向い風
  風　速　18m
  気　温　16.0℃
  水　温　16.0℃
  流　速
  水　位
  満潮時刻
  干潮時刻

決まり手　まくり
進入　1 2 3 4 6　5 L
着順　④③⑥②①　⑤L

4R	単	複	複		3連単	3連複	2連単	2連複	拡連複	1~2,1~3,2~3 着	
	1着	1着	2着	人気	20	6	7	3	3	7	8
払戻金	290	170	170		4120	1060	1300	510	200	340	360

(4) 5Rの方向出目
　① 5Rの番組表

5R 予　　選　　　　　　　　H1800m　電話投票締切予定 12:36

艇 選手 選手　　年 出 体級　　全国　　　　当地　　　モーター　　ボート　　今節成績　　　　早
番 登番 名　　　齢 身 重別　勝率　2率　　勝率　2率　NO　2率　NO　2率　1 2 3 4 5 6 見
----

1 3347 矢後　剛 39 東京 53A1 6.22 33.68 7.71 63.95 51 33.33 20 34.81 33
2 3713 伊藤誠二 31 愛知 54A1 7.47 64.08 6.50 60.00 12 34.62 27 35.54 1　　　　　9
3 3591 後藤孝義 37 静岡 51A2 6.38 48.08 5.17 27.78 29 39.49 49 29.56 33
4 3731 高濱芳久 32 広島 50A1 7.42 60.80 8.87 80.00 13 25.38 65 32.95 5　　　　　1
5 3285 植木通彦 37 福岡 51A1 8.67 68.37 7.47 33.33 57 34.50 69 40.13 3　　　　 10
6 3779 原田幸哉 30 愛知 53A1 7.59 53.17 7.63 57.89 27 33.93 25 43.40 56

全国勝率の1～3の順位は5号艇、6号艇、2号艇
当地勝率の1～3の順位は4号艇、1号艇、6号艇
早見は2号艇、4号艇、5号艇

72

② 5Rの方向出目表

	1R	2R	3R	4R	5R	6R	7R	8R	9R	10R	11R	12R
1=2					●							
1=3												
1=4		●										
1=5												
1=6						○						
2=3												
2=4												
2=5												
2=6	●					○						
3=4				●								
3=5												
3=6												
4=5												
4=6												
5=6			●									
人気	4	10	11	3	6							
連複	720	1420	2870	510	1090							
全国	124	126	235	356	256							
当地	124	236	345	145	146							
早見	126	2345	23	11,10	245							
早見				9								
風向	向い	向い	向い	向い	向い	向い						

6Rの予想；全国勝率は6号艇が①、当地勝率は6号艇が① 早2、4、5、6号艇で有望な勝率に○印で予想。

谷方向として、1＝6、2＝6

気象は晴れで一定しているから考慮しない。

③ 5Rの気象情報と結果

  天　候　晴　れ
  波　高　12cm
  風　向　向い風
  風　速　14m
  気　温　16.0℃
  水　温　16.0℃
  流　速
  水　位
  満潮時刻
  干潮時刻

決まり手　逃げ
進入１３４５６２
着順①②④③⑤⑥

5R	単	複	複		3連単	3連複	2連単	2連複	拡連複	1~2,1	~3,2~3 着
	1着	1着	2着	人気	47	13	5	6	8	7	6
払戻金	290	140	140		9980	2360	1390	1090	380	360	340

⑷ 6Rの方向出目
　① 6Rの番組表

6R　予　　　選　　　　　　　　　H1800m　電話投票締切予定 13:07

艇 選手 選手　年 出 体級　　全国　　　当地　　モーター　ボート　今節成績　　早
番 登番 名　　齢 身 重別　勝率 2率　勝率 2率　NO 2率　NO 2率　1 2 3 4 5 6 見
----

1 3774 横西奏恵 31 徳島 47A2 7.10 58.65 5.89 55.56 72 27.89 70 34.23 2
2 3876 中辻崇人 29 福岡 51A1 6.62 46.56 5.82 39.47 21 38.62 51 36.31 4　　　　1
3 3744 徳増秀樹 31 静岡 51A1 7.52 65.14 5.86 42.86 63 34.25 75 29.37 6
4 3554 仲口博崇 33 愛知 50A1 7.73 52.89 7.65 35.29 75 35.03 44 41.21 2　　　12
5 3623 深川真二 31 佐賀 49A1 7.67 60.00 6.89 44.44 26 43.15 48 34.71 3　　　10
6 3622 山崎智也 32 群馬 52A1 8.27 57.14 8.50 67.39 32 33.71 28 35.37 2　　　11

全国勝率の1～3の順位は6号艇、4号艇、5号艇
当地勝率の1～3の順位は6号艇、4号艇、5号艇
早見は2号艇、4号艇、5号艇、6号艇

② 6Rの方向出目表

	1R	2R	3R	4R	5R	6R	7R	8R	9R	10R	11R	12R
1=2					●	●						
1=3												
1=4		●										
1=5												
1=6												
2=3												
2=4												
2=5												
2=6	●											
3=4				●								
3=5												
3=6												
4=5												
4=6												
5=6			●									
人気	4	10	11	3	6	4						
連複	720	1420	2870	510	1090	860						
全国	124	126	235	356	256	456						
当地	124	236	345	145	146	456						
早見	126	2345	23	11, 10	245	2456						
早見				9								
風向	向い	向い	向い	向い	向い	向い						

7Rからはご記入して体験して下さい。

7Rの予想；全国勝率は____号艇が①、当地勝率は____号艇が①

山方向として、___＝___、___＝___、___＝___

谷方向として、___＝___、___＝___、___＝___

早見は____号艇、____号艇、____号艇、____号艇

③ 6Rの気象情報と結果

天　候　晴　れ
波　高　8cm
風　向　向い風
風　速　10m
気　温　16.0℃
水　温　16.0℃
流　速
水　位
満潮時刻
干潮時刻

決まり手　逃げ
進入　1 2 4 3 5 6
着順　1 2 6 3 4 5

6R	単	複	複		3連単	3連複	2連単	2連複	拡連複 1~2,1~3,2~3 着		
	1着	1着	2着	人気	24	7	7	4	5	8	7
払戻金	400	250	200		6000	1520	1610	860	330	450	440

(4) 7Rの方向出目
① 7Rの番組表

7R 予　　選　　　　　　　　H1800m　電話投票締切予定 13:39
──
艇 選手 選手　　年 出 体級　全国　　当地　　モーター　ボート　今節成績　早
番 登番 名　　　齢 身 重別　勝率 2率 勝率 2率 NO 2率 NO 2率 1 2 3 4 5 6 見
──
1 3697 勝野竜司 33 兵庫 51A1 6.57 41.74 8.41 79.31 24 33.69 64 47.09 1　　　　　12
2 4019 笠原　亮 26 静岡 54A1 6.17 35.38 6.57 42.86 23 35.71 19 35.85 1　　　　　 2
3 3946 赤岩善生 30 愛知 55A1 7.28 47.57 7.91 64.44 18 31.72 21 29.45 5　　　　　 1
4 3721 守田俊介 30 京都 55A1 7.98 67.03 6.65 40.00 41 37.76 15 40.13 35
5 3792 田中　豪 33 東京 52A1 7.59 61.46 7.07 58.16 69 29.91 45 44.25 2
6 3558 山本浩次 33 岡山 52A1 7.03 43.96 8.00 47.06 73 48.92 31 30.43 4　　　　　11

7Rからはご記入して体験して下さい。
全国勝率の1～3の順位は＿＿号艇、＿＿号艇、＿＿号艇
当地勝率の1～3の順位は＿＿号艇、＿＿号艇、＿＿号艇
早見は2号艇、＿＿号艇、＿＿号艇、＿＿号艇、＿＿号艇

② 7Rの方向出目表

	1R	2R	3R	4R	5R	6R	7R	8R	9R	10R	11R	12R
1=2					●	●						
1=3												
1=4		●										
1=5												
1=6												
2=3												
2=4												
2=5												
2=6	●											
3=4				●								
3=5							●					
3=6												
4=5												
4=6												
5=6			●									
人気	4	10	11	3	6	4	14					
連複	720	1420	2870	510	1090	860	3110					
全国	124	126	235	356	256	456	453					
当地	124	236	345	145	146	456	163					
早見	126	2345	23	11, 10	245	2456	1236					
早見				9								
風向	向い	向い	向い	向い	向い	向い	向い					

8Rの予想；全国勝率は＿＿＿号艇が①、当地勝率は＿＿＿号艇が①
山方向として、＿＿＿＝＿＿＿、＿＿＿＝＿＿＿、＿＿＿＝＿＿＿
谷方向として、＿＿＿＝＿＿＿、＿＿＿＝＿＿＿、＿＿＿＝＿＿＿
早見は＿＿＿号艇、＿＿＿号艇、＿＿＿号艇、＿＿＿号艇

③ 7Rの気象情報と結果

天　候　晴れ
波　高　8cm
風　向　向い風
風　速　10m
気　温　16.0℃
水　温　16.0℃
流　速
水　位
満潮時刻
干潮時刻

決まり手　抜き
進入　1 2 3 4 5 6
着順　5 3 2 6 1 4

7R	単	複	複		3連単	3連複	2連単	2連複	拡連複	1~2,1~3,2~3着	
	1着	1着	2着	人気	106	16	24	14	10	5	9
払戻金	650	230	360		34720	3390	6470	3110	550	340	480

(4) 8Rの方向出目
　① 8Rの番組表

8R　予　　選　　　　　　　　　H1800m　電話投票締切予定 14:12

艇　選手　選手　年 出 体級　　全国　　　当地　　モーター　　ボート　　今節成績　　早
番　登番　名　　齢 身 重別　勝率　2率　勝率　2率　NO　2率　NO　2率　1 2 3 4 5 6 見
----

1 3941 池田浩二 27 愛知 54A1 7.05 45.54 7.50 43.75 20 33.72 55 31.03 4　　　　12
2 3056 松野京吾 49 山口 48A1 7.71 66.42 5.84 44.74 43 33.91 71 39.01 41
3 4012 中村有裕 26 滋賀 54A1 7.93 58.46 8.11 66.67 22 40.82 33 32.69 6　　　　 2
4 3952 中澤和志 29 宮城 54A1 6.94 47.92 6.54 40.00 39 37.65 17 39.24 12
5 3557 太田和美 33 奈良 53A1 7.38 50.54 7.38 12.50 25 36.67 66 29.80 S　　　　 3
6 3388 今垣光太 36 石川 50A1 7.57 54.70 8.67 55.56 64 36.36 14 36.53 1

8Rの番組表からご記入して体験して下さい。
全国勝率の1～3の順位は＿＿号艇、＿＿号艇、＿＿号艇
当地勝率の1～3の順位は＿＿号艇、＿＿号艇、＿＿号艇
早見は2号艇、＿＿号艇、＿＿号艇、＿＿号艇、＿＿号艇

② 8Rの方向出目表

	1R	2R	3R	4R	5R	6R	7R	8R	9R	10R	11R	12R
1=2					● —	— ●						
1=3												
1=4		●										
1=5												
1=6												
2=3												
2=4												
2=5												
2=6	●											
3=4				●				●				
3=5							●					
3=6												
4=5												
4=6												
5=6			●									
人気	4	10	11	3	6	4	14	6				
連複	720	1420	2870	510	1090	860	3110	1060				
全国	124	126	235	356	256	456	453	326				
当地	124	236	345	145	146	456	163	631				
早見	126	2345	23	11,10	245	2456	1236	135				
早見				9								
風向	向い	向い	向い	向い	向い	向い	向い	向い				

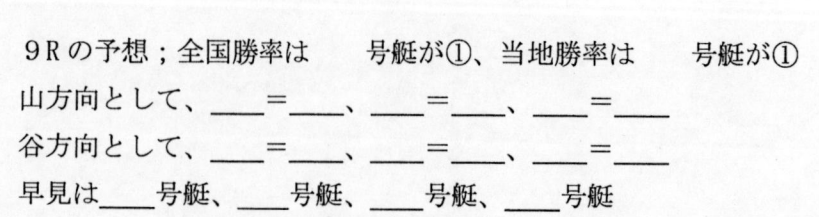

9Rの予想；全国勝率は　　号艇が①、当地勝率は　　号艇が①

山方向として、＿＿＝＿＿、＿＿＝＿＿、＿＿＝＿＿

谷方向として、＿＿＝＿＿、＿＿＝＿＿、＿＿＝＿＿

早見は＿＿号艇、＿＿号艇、＿＿号艇、＿＿号艇

③ 8Rの気象情報と結果

　　天　候　晴れ
　　波　高　8cm
　　風　向　向い風
　　風　速　10m
　　気　温　17.0℃
　　水　温　16.0℃
　　流　速
　　水　位
　　満潮時刻
　　干潮時刻

決まり手　まくり差し
進入１２３４５６
着順４３５１２６

8R	単	複	複		3連単	3連複	2連単	2連複	拡連複	1~2,1~3,2~3着	
	1着	1着	2着	人気	53	13	13	6	10	4	13
払戻金	310	190	340		10310	1890	2490	1060	540	300	770

⑷　９Ｒの方向出目
　　① ９Ｒの番組表

9R 予　　選　　　　　　　　H1800m　電話投票締切予定 14:46

艇 選手 選手　 年 出 体級　全国　　　当地　　モーター　　ボート　　今節成績　　早
番 登番 名　　齢 身 重別　勝率 2率　勝率 2率　NO 2率　　NO 2率　1 2 3 4 5 6 見
----

1 3719 辻　栄蔵 30 広島 49A1 8.20 58.00 8.22 77.78 11 29.14 30 33.77 4　　　　　4
2 3156 金子良昭 41 静岡 50A1 8.16 68.18 3.64 9.09 74 41.36 74 36.73 6　　　　　2
3 3713 伊藤誠二 31 愛知 54A1 7.47 64.08 6.50 60.00 12 34.62 27 35.54 1　　　　　5
4 4044 湯川浩司 26 大阪 51A1 7.85 60.32 0.00 0.00 49 42.95 47 33.54 15
5 3159 江口晃生 41 群馬 54A1 7.29 46.39 6.35 30.00 10 31.41 26 29.30 3　　　　　3
6 3854 吉川元浩 33 兵庫 49A1 8.02 56.41 0.00 0.00 46 39.04 34 31.41 14

９Ｒの番組表からご記入して体験して下さい。
全国勝率の１～３の順位は＿＿号艇、＿＿号艇、＿＿号艇
当地勝率の１～３の順位は＿＿号艇、＿＿号艇、＿＿号艇
早見は２号艇、＿＿号艇、＿＿号艇、＿＿号艇、＿＿号艇

② 9Rの方向出目表

	1R	2R	3R	4R	5R	6R	7R	8R	9R	10R	11R	12R
1=2					●	●						
1=3												
1=4		●										
1=5												
1=6												
2=3												
2=4									●			
2=5												
2=6	●											
3=4				●				●				
3=5							●					
3=6												
4=5												
4=6												
5=6			●									
人気	4	10	11	3	6	4	14	6	5			
連複	720	1420	2870	510	1090	860	3110	1060	800			
全国	124	126	235	356	256	456	453	326	126			
当地	124	236	345	145	146	456	163	631	135			
早見	126	2345	23	11, 10	245	2456	1236	135	1235			
早見				9								
風向	向い	向い	向い	向い	向い	向い	向い	向い	向い			

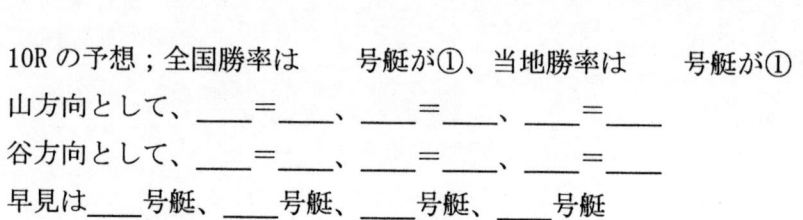

10Rの予想；全国勝率は　　　号艇が①、当地勝率は　　　号艇が①
山方向として、＿＿＝＿＿、＿＿＝＿＿、＿＿＝＿＿
谷方向として、＿＿＝＿＿、＿＿＝＿＿、＿＿＝＿＿
早見は＿＿号艇、＿＿号艇、＿＿号艇、＿＿号艇

③ 9Rの気象情報と結果

　　天　候　晴　れ
　　波　高　8cm
　　風　向　向い風
　　風　速　10m
　　気　温　17.0℃
　　水　温　16.0℃
　　流　速　水　位
　　満潮時刻
　　干潮時刻

決まり手　逃げ
進入　2 4 5 6 3
着順　②⑤④⑥③　①K

9R	単	複	複		3連単	3連複	2連単	2連複	拡連複	1~2,1~3,2~3 着	
	1着	1着	2着	人気	19	5	6	5	6	3	9
払戻金	360	160	350		3740	760	1100	800	290	240	340

⑷ １０Ｒの方向出目
　① １０Ｒの番組表

１０Ｒ
10R 予　　選　　　　　　　　　H1800m　電話投票締切予定 15：21

艇 選手 選手　年 出 体級　　全国　　　当地　　モーター　　ボート　　今節成績　　早
番 登番　名　　齢 身 重別　勝率 ２率 勝率 ２率 NO ２率 NO ２率 １２３４５６見
----

1 3960 菊地孝平 27 静岡 53A1 6.64 35.80 8.29 85.71 17 45.93 36 38.51 3　　　　4

2 3285 植木通彦 37 福岡 51A1 8.67 68.37 7.47 33.33 57 34.50 69 40.13 3　　　　5

3 3822 平尾崇典 33 岡山 49A1 6.58 40.38 0.00 0.00 60 47.54 59 30.00 1

4 3623 深川真二 31 佐賀 49A1 7.67 60.00 6.89 44.44 26 43.15 48 34.71 3　　　　6

5 3436 柏野幸二 36 岡山 50A1 7.42 55.93 7.55 54.55 16 43.57 61 35.46 4　　　　2

6 4030 森高一真 27 香川 52A1 7.70 54.40 6.17 44.44 31 33.90 11 40.91 24

10Rの番組表からご記入して体験して下さい。
全国勝率の１～３の順位は＿＿号艇、＿＿号艇、＿＿号艇
当地勝率の１～３の順位は＿＿号艇、＿＿号艇、＿＿号艇
早見は２号艇、＿＿号艇、＿＿号艇、＿＿号艇、＿＿号艇

② 10Rの方向出目表

	1R	2R	3R	4R	5R	6R	7R	8R	9R	10R	11R	12R
1=2					●	●						
1=3												
1=4		●										
1=5												
1=6												
2=3												
2=4									●			
2=5												
2=6	●											
3=4				●				●				
3=5							●					
3=6												
4=5												
4=6										●		
5=6			●									
人気	4	10	11	3	6	4	14	6	5	14		
連複	720	1420	2870	510	1090	860	3110	1060	800	4070		
全国	124	126	235	356	256	456	453	326	126	546		
当地	124	236	345	145	146	456	163	631	135	152		
早見	126	2345	23	11, 10	245	2456	1236	135	1235	4562		
早見				9								
風向	向い	向い	向い	向い	向い	向い	向い	向い	向い	向い		

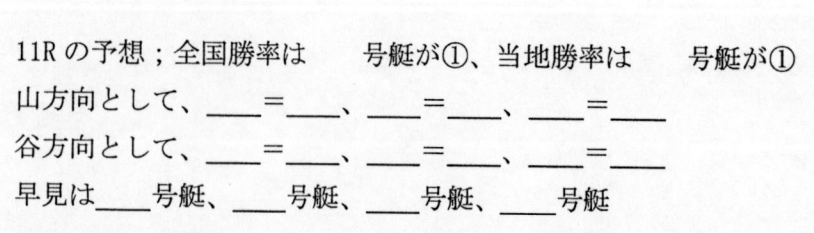

11Rの予想；全国勝率は＿＿号艇が①、当地勝率は＿＿号艇が①
山方向として、＿＿＝＿＿、＿＿＝＿＿、＿＿＝＿＿
谷方向として、＿＿＝＿＿、＿＿＝＿＿、＿＿＝＿＿
早見は＿＿号艇、＿＿号艇、＿＿号艇、＿＿号艇

③ 10Rの気象情報と結果

　　　天　候　晴　れ
　　　波　高　6cm
　　　風　向　向い風
　　　風　速　8m
　　　気　温　17.0℃
　　　水　温　16.0℃
　　　流　速
　　　水　位
　　　満潮時刻
　　　干潮時刻

決まり手　まくり差し
進入１２３４６５
着順４６５３２１

10R	単	複	複	人気	3連単	3連複	2連単	2連複	拡連複 1~2,1~3,2~3 着		
	1着	1着	2着		93	18	23	14	14	11	15
払戻金	820	350	760		33600	4640	6350	4070	1090	820	1370

89

(4)　11Rの方向出目
　① 11Rの番組表

11R　予　　選　　　　　　　H1800m　電話投票締切予定 15:57

艇 選手 選手　年 出 体級　　全国　　　当地　　モーター　ボート　今節成績　　早
番 登番 名　　齢 身 重別　勝率 2率　勝率 2率　NO 2率　NO 2率　1 2 3 4 5 6 見
----

1 3452 吉田徳夫 35 愛知 54A1 7.00 57.93 6.00 40.00 50 39.74 41 35.44 46
2 3783 瓜生正義 30 福岡 51A1 7.45 55.10 8.47 58.82 70 34.12 12 36.67 2
3 3622 山崎智也 32 群馬 52A1 8.27 57.14 8.50 67.39 32 33.71 28 35.37 2　　　　6
4 3558 山本浩次 33 岡山 52A1 7.03 43.96 8.00 47.06 73 48.92 31 30.43 4　　　　7
5 4024 井口佳典 28 三重 54A1 8.00 62.88 7.22 50.00 28 31.89 63 36.31 15
6 3873 別府昌樹 29 広島 51A1 7.10 58.10 5.69 37.50 15 30.20 57 40.12 3　　　　4

11Rの番組表からご記入して体験して下さい。
全国勝率の1～3の順位は＿＿号艇、＿＿号艇、＿＿号艇
当地勝率の1～3の順位は＿＿号艇、＿＿号艇、＿＿号艇
早見は2号艇、＿＿号艇、＿＿号艇、＿＿号艇、＿＿号艇

② 11Rの方向出目表

	1R	2R	3R	4R	5R	6R	7R	8R	9R	10R	11R	12R
1=2					●	●						
1=3												
1=4		●										
1=5												
1=6												
2=3												
2=4									●			
2=5												
2=6	●											
3=4				●				●				
3=5							●					
3=6												
4=5												
4=6										●		
5=6			●								●	
人気	4	10	11	3	6	4	14	6	5	14	12	
連複	720	1420	2870	510	1090	860	3110	1060	800	4070	2900	
全国	124	126	235	356	256	456	453	326	126	546	352	
当地	124	236	345	145	146	456	163	631	135	152	324	
早見	126	2345	23	11,10	245	2456	1236	135	1235	4562	346	
早見				9								
風向	向い	向い	向い	向い	向い	向い	向い	向い	向い	向い	向い	

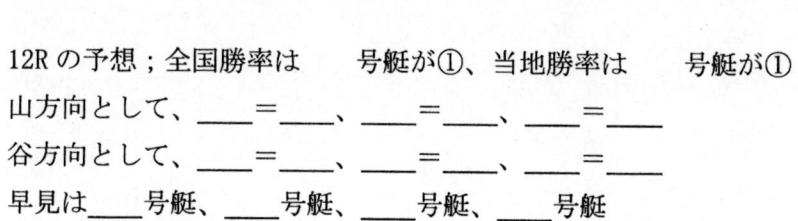

12Rの予想；全国勝率は＿＿号艇が①、当地勝率は＿＿号艇が①

山方向として、＿＿＝＿＿、＿＿＝＿＿、＿＿＝＿＿

谷方向として、＿＿＝＿＿、＿＿＝＿＿、＿＿＝＿＿

早見は＿＿号艇、＿＿号艇、＿＿号艇、＿＿号艇

③ 11Rの気象情報と結果

　　　天　候　晴れ
　　　波　高　6cm
　　　風　向　向い風
　　　風　速　8m
　　　気　温　16.0℃
　　　水　温　16.0℃
　　　流　速
　　　水　位
　　　満潮時刻
　　　干潮時刻

決まり手　まくり
進入１２３４５６
着順５６３１４２

11R	単	複	複		3連単	3連複	2連単	2連複	拡連複 1~2,1~3,2~3 着		
	1着	1着	2着	人気	54	7	19	12	14	2	6
払戻金	450	290	660		12000	1420	4090	2900	660	220	380

⑷　１２Ｒの方向出目
　① １２Ｒの番組表

12R　予　　選　　　　　　　　　H1800m　電話投票締切予定 16:35

艇　選手　選手　　　年 出 体級　　全国　　　当地　　　モーター　　ボート　　今節成績　　早
番　登番　名　　　　齢 身 重別　勝率　２率　勝率　２率　NO　２率　NO　２率　１２３４５６見
----

1 3554 仲口博崇 33 愛知 50A1 7.73 52.89 7.65 35.29 75 35.03 44 41.21 2　　　　6
2 3307 上瀧和則 37 佐賀 51A1 7.59 48.45 7.88 37.50 36 34.87 37 31.52 24
3 3941 池田浩二 27 愛知 54A1 7.05 45.54 7.50 43.75 20 33.72 55 31.03 4　　　　8
4 3590 濱野谷憲 32 東京 54A1 7.21 47.42 8.53 71.67 71 36.27 10 29.50 5
5 3942 寺田　祥 27 山口 53A1 6.46 39.33 4.78 0.00 45 34.78 56 36.02 22
6 3697 勝野竜司 33 兵庫 51A1 6.57 41.74 8.41 79.31 24 33.69 64 47.09 1　　　　7

12Rの番組表からご記入して体験して下さい。
全国勝率の１～３の順位は＿＿号艇、＿＿号艇、＿＿号艇
当地勝率の１～３の順位は＿＿号艇、＿＿号艇、＿＿号艇
早見は２号艇、＿＿号艇、＿＿号艇、＿＿号艇、＿＿号艇

② １２Rの方向出目表

	1R	2R	3R	4R	5R	6R	7R	8R	9R	10R	11R	12R
1=2					●	●						
1=3												
1=4		●										●
1=5												
1=6												
2=3												
2=4									●			
2=5												
2=6	●											
3=4				●				●				
3=5							●					
3=6												
4=5												
4=6										●		
5=6			●								●	
人気	4	10	11	3	6	4	14	6	5	14	12	1
連複	720	1420	2870	510	1090	860	3110	1060	800	4070	2900	400
全国	124	126	235	356	256	456	453	326	126	546	352	124
当地	124	236	345	145	146	456	163	631	135	152	324	462
早見	126	2345	23	11,10	245	2456	1236	135	1235	4562	346	136
早見				9								
風向	向い	向い	向い	向い	向い	向い	向い	向い	向い	向い	向い	向い

③ 11Rの気象情報と結果

天　候　晴　れ
波　高　6cm
風　向　向い風
風　速　8m
気　温　16.0℃
水　温　16.0℃
流　速
水　位
満潮時刻
干潮時刻

決まり手　抜き
進入１２３４５６
着順１４３５２６

12R	単	複	複		3連単	3連複	2連単	2連複	拡連複	1~2,1~3,2~3 着	
	1着	1着	2着	人気	11	5	1	1	1	3	2
払戻金	190	110	170		4050	1120	670	400	160	200	180

5、水面気象情報と勝率・早見による方向出目の的中実績払戻金

(1) 予想的中払戻金

2 R 的中・・連複　1,420 円 − 300　（ 3 点 × 100 円）　＝ 1,120 円
3 R 的中・・連複　2,870 円 − 300　（ 3 点 × 100 円）　＝ 2,570 円
4 R 的中・・連複　　510 円 − 400　（ 4 点 × 100 円）　＝ 　110 円
5 R 的中・・連複　1,090 円 − 600　（ 6 点 × 100 円）　＝ 　490 円
6 R 外れ・・連複　　860 円 − 200　（ 2 点 × 100 円）　＝ −200 円
小計　　　　　　　　　　　　　　　　　　　　　　　　　　4,950 円

(2) 体験予想の払戻金

7 R ＿＿＿・連複＿＿＿＿円 − ＿＿＿（＿点 × ＿＿円）＝ ＿＿＿円
8 R ＿＿＿・連複＿＿＿＿円 − ＿＿＿（＿点 × ＿＿円）＝ ＿＿＿円
9 R ＿＿＿・連複＿＿＿＿円 − ＿＿＿（＿点 × ＿＿円）＝ ＿＿＿円
10R ＿＿＿・連複＿＿＿＿円 − ＿＿＿（＿点 × ＿＿円）＝ ＿＿＿円
11R ＿＿＿・連複＿＿＿＿円 − ＿＿＿（＿点 × ＿＿円）＝ ＿＿＿円
12R ＿＿＿・連複＿＿＿＿円 − ＿＿＿（＿点 × ＿＿円）＝ ＿＿＿円
小計　　　　　　　　　　　　　　　　　　　　　　　　　　＿＿＿円
合計　　　　　　　　　　　　　　　　　　　　　　　　　　＿＿＿円

6、方向出目の実績

(1) 方向出目用紙による競艇予想

　　この予想は上述の如く、山、谷の波形によるものであり、その方向を自然の法則に従い予想するものであり、その方向の位置を決める情報として、勝率、早見、風向で行うものです。　従って、6人の出場選手で行う為に自然で、適しています。

　　競輪や競馬のように一つの枠に二人以上いると法則のバランスが失われて狂ってしまい、研究しても時間と浪費の負担が嵩むばかりであります。

　　この方向出目による競艇予想をする情報は、主催者発行の番組表、出走表、スポーツ新聞などで入手できるものであり、特に急ぎの直前情報を必要としないものです。

(2) 過去の方向出目による波形、江戸川、平和島、住之江競艇場

　　平成5年2月12日、第38回関東地区選手権競走の江戸川競艇の9レースの出目方向予想、江戸川競艇は他の競艇場と異なり、他で予想していた手筋でやると外れが多い。山を大きく描く特徴を持っていて、極端に谷底に落ちる傾向が見られます。

　　次頁に示す主催者発行の出走表は、テレビの文字放送チューナの感熱ロール紙に印刷したものであり、パソコンが普及する前の時代のものです。

　　江戸川の複勝率順位、1号艇（浅見敏）、6号艇（桑原順）、5号艇（田中定）であり、印をした方向出目に的中しました。

　　平成5年1月8日、第22回東京ダービーの平和島競艇の第10レースの出目方向予想、平和島競艇場の波形は江戸川競艇場の波形と異なり、それは20数年前から変わりません。

　　平和島の複勝率順位、2号艇（阿部啓）、1号艇（大西英）、5号艇（鍵和田）であり、印をした方向出目に的中しました。

　　平成4年12月22日、第7回賞金王決定戦競走の住之江競艇の12レースの出目方向予想、複勝率順位、2号艇（今村豊）、3号艇（野中和）、5号艇（荘林幸）であり、印をした方向出目に的中しました。

(3) 狙った出目の的中で大儲け

　全レースを買っていたら外れもあるでしょう。波形の流れを見て、その日の競艇場の強い出目も考慮することが必要であり、方向出目の習得により、来ない出目を予知することができ、レースを絞れるようになります。

　勝舟投票券を買う前にその競艇場の特徴を知る必要が儲けの秘訣であり、また、Ｇ２，Ｇ３，一般レースにより方向出目が変化することがありますから充分に過去番組表からの方向出目用紙による的中率の習得が必要です。

1993（平成5年）2/12　第38回関東地区選手権競走の方向出目予想

1993（平成5年）1/8　第22回東京ダービーの方向出目予想

1992（平成4年）12/22　住之江競艇　第7回賞金王決定戦競走

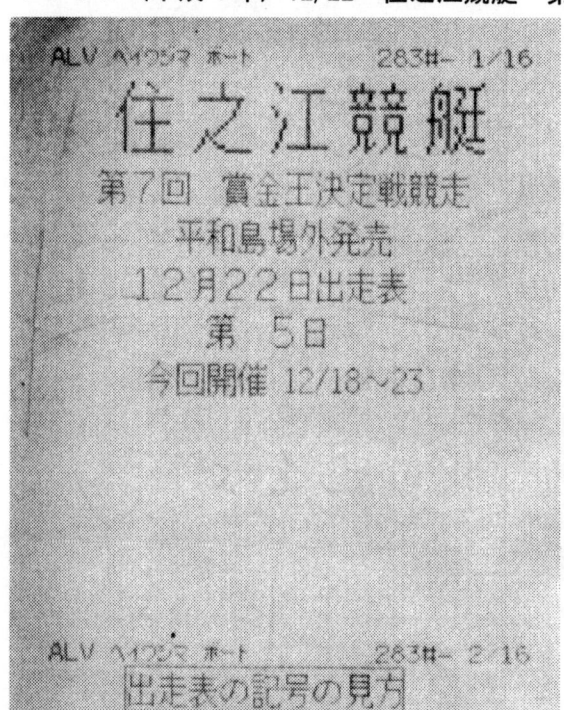

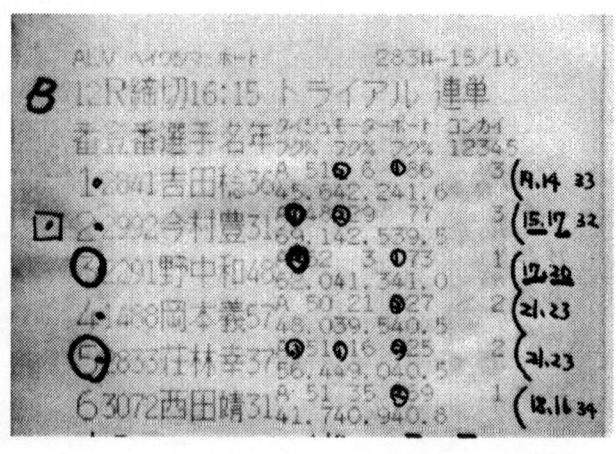

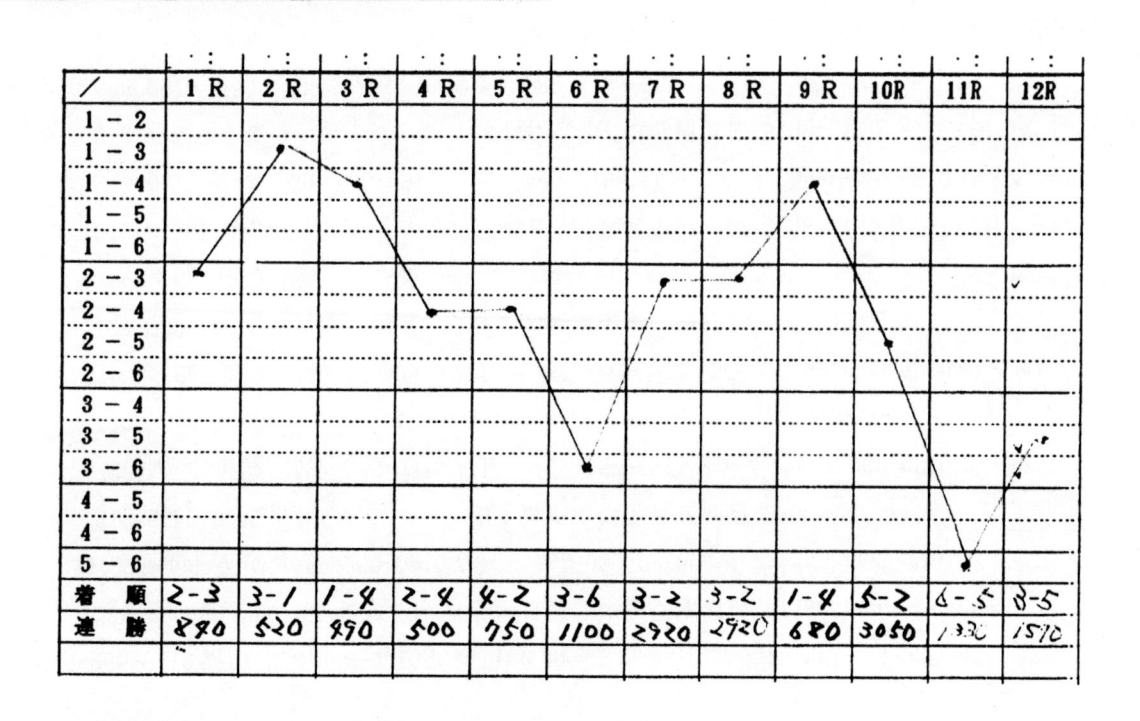

/	1R	2R	3R	4R	5R	6R	7R	8R	9R	10R	11R	12R
1-2												
1-3		●										
1-4			●						●			
1-5												
1-6												
2-3	●						●	●				
2-4				●	●							
2-5										●		
2-6												
3-4												
3-5												●
3-6						●						
4-5												
4-6												
5-6											●	
着順	2-3	3-1	1-4	2-4	4-2	3-6	3-2	3-2	1-4	5-2	6-5	3-5
連勝	880	520	890	500	750	1100	2920	2920	680	3050	1330	1570

101

7、気象・艇（部品・チルト）・展示タイム・オッズ・実況・結果の情報収集、競艇場一覧

桐　生	・・・〒379-2311　群馬県みどり市笠懸町阿左美 2887　　℡0277-76-2411

気象・艇 0180-992-711　オッズ 0180-992-701　実況 0180-992-721　結果 0180-992-800

戸　田	・・・〒335-0024 埼玉県戸田市戸田公園 8-22　　℡048-441-7711

気象・艇 0180-994-712　オッズ-994-702　実況-994-722　結果 0180-994-700, 701

江戸川	・・・〒132-0033 東京都江戸川区東小松川 3-1-1　　℡03-3656-0641

気象・艇 0180-993-713　オッズ 0180-993-703　実況 0180-993-723　結果-993-501, 500

平和島	・・・〒143-0006 東京都大田区平和島 1-1-1　　℡03-3768-9200

気象・艇 0180-993-714　オッズ 0180-993-704　実況 0180-993-724　結果 03-3540-5600

出走表の取り出し FAX（無料）003-501-(プップップッ)＃287-500-5000-124※0＃＃

多摩川	・・・〒183-8514 東京都府中市是政 4-11　　℡042-369-1811

気象・艇 0180-994-715　オッズ 0180-994-705　実況 0180-994-725　結果-994-211, 212

浜名湖	・・・〒431-0398 静岡県浜名郡新居町中之郷 3727-7　　℡053-594-7111

気象・艇 0180-995-660　オッズ-995-661, 664　実況 0180-995-662　結果 0180-995-663

蒲　郡	・・・〒443-0046 愛知県蒲郡市竹谷町太田新田 1-1　　℡0533-67-6606

気象・艇 0180-995-770　オッズ-995-771, 774　実況 0180-995-772　結果 0180-995-773

常　滑	・・・〒479-0837 愛知県常滑市新開町 4-111　　℡0569-35-5211

気象・艇 0180-995-880　オッズ-995-881, 884　実況 0180-995-882　結果 0180-995-883

津	・・・〒514-0815 三重県津市大字藤方 637　　℡059-224-5105

気象・艇 0180-995-990　オッズ-995-991, 994　実況 0180-995-992　結果 0180-995-993

三　国	・・・〒913-8533 福井県坂井郡三国町池上 80-1　　℡0776-77-3131

気象・艇　　　　　　オッズ 0180-997-799　実況 0180-997-700　結果 0180-997-788, 722

琵琶湖	・・・〒520-0023 滋賀県大津市茶が崎 1-1　　℡077-522-0314

気象・艇 0180-997-993　オッズ 0180-997-991　実況 0180-997-992　結果-997-994, 995

住之江	・・・〒559-0023 大阪府大阪市住之江区泉 1-1-71　　℡06-6685-5112

気象・艇 0180-996-789　オッズ 0180-996-456　実況 0180-996-457　結果-996-123, 124

尼　崎	・・・〒660-0082 兵庫県尼崎市水明町 199-1　　℡06-6419-3181

気象・艇 0180-996-555　オッズ 0180-996-777　実況 0180-996-444　結果-996-888, 999

鳴　門	・・・〒772-8510 徳島県鳴門市撫養町大桑島字三ツ岩浜 48　　℡088-685-8111

気象・艇 0180-998-666　オッズ 0180-998-444, 331　実況 0180-998-333　結果 0180-998-555

| 丸 亀 |・・・〒763-0011 香川県丸亀市富士見町 4-1-1 | ℡0877-23-5141 |

気象・艇 0180-998-200　オッズ-998-400,650　実況 0180-998-100　結果-998-500,750

| 児 島 |・・・〒711-0922 岡山県倉敷市児島元浜町 6-3 | 086-472-5051 |

気象・艇 0180-998-111　オッズ 0180-998-112　実況 0180-998-000　結果-998-222,223

| 宮 島 |・・・〒739-0411 広島県廿日市市宮島口 1-15-60 | ℡0829-56-1122 |

気象・艇 0180-998-002　オッズ 0180-998-003　実況 0180-998-001　結果-998-302,303

| 徳 山 |・・・〒745-0802 山口県周南市大字栗屋 1033 | ℡0834-25-0540 |

気象・艇 0180-998-305,306　オッズ 0180-998-005　実況-998-004　結果-998-306,006

| 下 関 |・・・〒752-8511 山口県下関市長府松小田東町 1-1 | ℡0832-46-1161 |

気象・艇 0180-998-008　オッズ 0180-998-008　実況 0180-998-007　結果 0180-998-009

| 若 松 |・・・〒808-0075 福岡県北九州市若松区赤岩町 13-1 | ℡093-791-3400 |

気象・艇　オッズ 0180-999-501　実況 0180-999-500　結果 0180-999-502,503

| 芦 屋 |・・・〒807-0133 福岡県遠賀郡芦屋町大字芦屋 3540 | ℡093-223-0581 |

気象・艇 0180-999-660　オッズ 0180-999-601　実況 0180-999-600　結果-999-602,603

| 福 岡 |・・・〒810-0071 福岡県福岡市中央区那ノ津 1-6-1 | ℡092-771-6061 |

気象・艇 0180-999-701　オッズ 0180-999-704　実況 0180-999-700　結果-999-702,705

| 唐 津 |・・・〒847-0031 佐賀県唐津市原 1116 | ℡0955-77-1311 |

気象・艇 0180-999-802,805　オッズ 0180-999-800　実況-999-801　結果-999-803,304

| 大 村 |・・・〒856-0834 長崎県大村市玖島 1-15-1 | ℡0957-54-4111 |

気象・艇 0180-999-972　オッズ 0180-999-973,974　実況-999-900　結果-999-970,971

気象・艇（部品交換、チルト）展示タイム、オッズなどが競艇場により、一緒になっているところもあります。

(1) 必要な情報

　　方向出目用紙の予想は、選手の全国・当地の勝率、早見などで的中予想ができるものであり、それに風向なども考慮すれば面白さが増すものであります。

(2) 予想に必要な情報収集

　　出走表はＦＡＸで取り出せる競艇場もあり、ＦＡＸで送信してくれるところもあります。（無料）

　　スポーツ新聞やパソコン（http://www.kyotei.or.jp/）からも入手が可能。

(1) 電話情報収集、開催案内、気象状況、払戻金

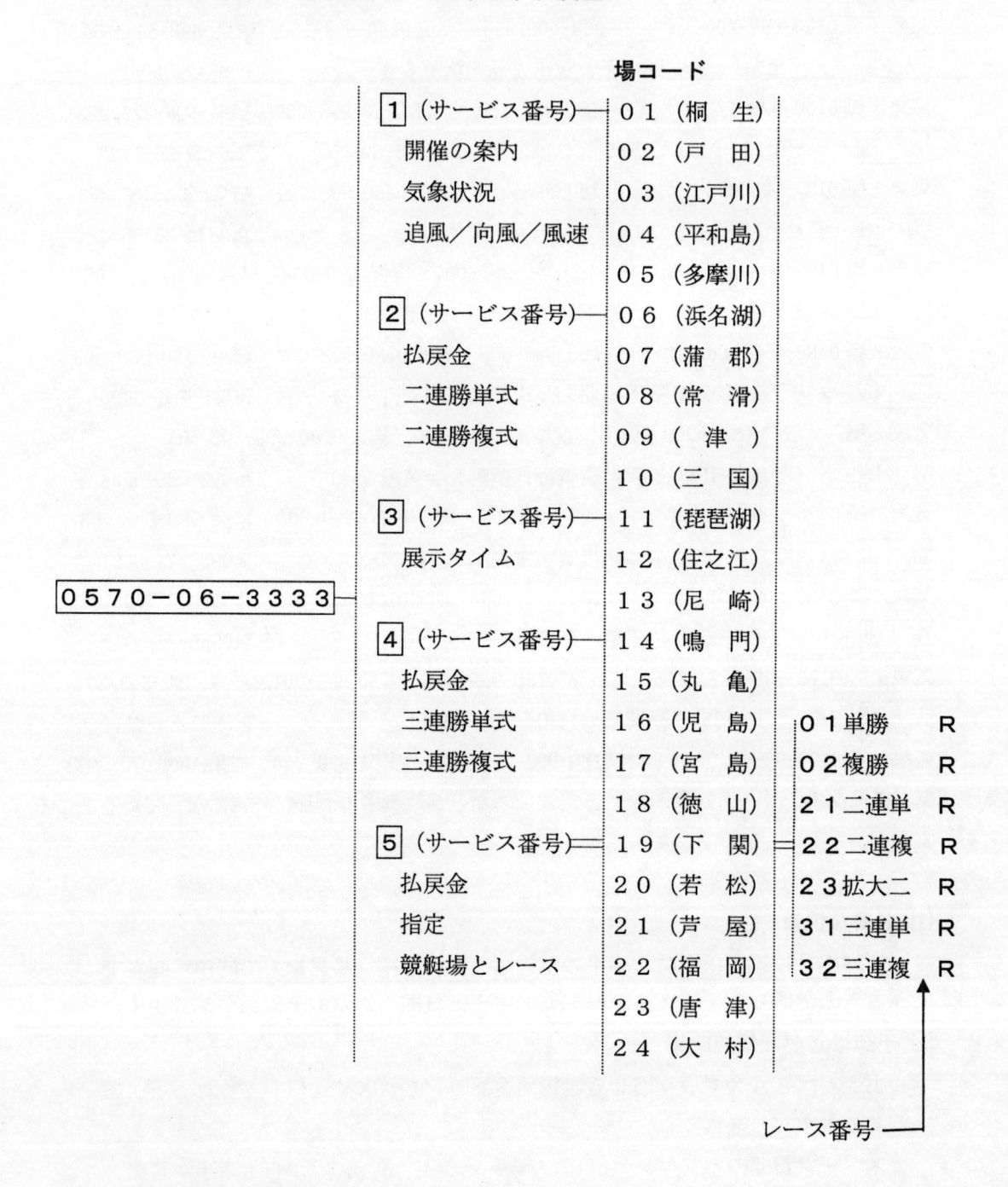

場コード

|0570-06-3333|

① (サービス番号)── 01 (桐 生)
　開催の案内　　　 02 (戸 田)
　気象状況　　　　 03 (江戸川)
　追風／向風／風速 04 (平和島)
　　　　　　　　　 05 (多摩川)
② (サービス番号)── 06 (浜名湖)
　払戻金　　　　　 07 (蒲 郡)
　二連勝単式　　　 08 (常 滑)
　二連勝複式　　　 09 (津)
　　　　　　　　　 10 (三 国)
③ (サービス番号)── 11 (琵琶湖)
　展示タイム　　　 12 (住之江)
　　　　　　　　　 13 (尼 崎)
④ (サービス番号)── 14 (鳴 門)
　払戻金　　　　　 15 (丸 亀)
　三連勝単式　　　 16 (児 島)　01 単勝　R
　三連勝複式　　　 17 (宮 島)　02 複勝　R
　　　　　　　　　 18 (徳 山)　21 二連単　R
⑤ (サービス番号)── 19 (下 関)　22 二連複　R
　払戻金　　　　　 20 (若 松)　23 拡大二　R
　指定　　　　　　 21 (芦 屋)　31 三連単　R
　競艇場とレース　 22 (福 岡)　32 三連複　R
　　　　　　　　　 23 (唐 津)
　　　　　　　　　 24 (大 村)

　　　　　　　　　　　　　　　　レース番号

レイアウト© INVENTION DEVELOPMENT FEDERATION

8、方向出目用紙について
　過去のレースで体験して、損をしないようにしよう。
　この方向出目で過去に財産を築いた方がいないとは言えません。それは損をしない方向が予知できるからです。自分でこれだと思ったレースが方向出目と一致することがあるからです。このようなレースは開催中に必ずあります。狙ったレースに三分の一に大金を賭け、財を成せれば幸福です。
　外れても三分の二の掛け金がるから再度、焦らずにチャンスを待つ心得が大切です。

過去の体験コース

　ＳＧ戦　２００６年、２日目セット

　2006/ 3/17　2日　平和島　ＳＧ　（第46回、総理大臣杯）
　2006/ 5/24　2日　戸　田　ＳＧ　（第33回笹川賞）
　2006/ 6/21　2日　浜名湖　ＳＧ　（第16回　グランドチャンピオン決定戦）
　2006/ 7/26　2日　若　松　ＳＧ　（第11回オーシャンカップ）
　2006/ 8/30　2日　桐　生　ＳＧ　（第52回モーターボー記念）
　2006/10/25　2日　福　岡　ＳＧ　（第53回全日本選手権）
　2006/11/22　2日　丸　亀　ＳＧ　（第9回競艇王チャジカップ競争）
　2006/12/20　2日　住之江　ＳＧ　（第21回賞金王決定戦競走　賞金王シリーズ戦）

仕様

　用紙Ｂ５版、本書の60頁～95頁の「４、水面気象情報と勝率・早見による方向の出目」と同様の内容であり、方向出目用紙には１Rから記入して体験するようになっております。
・「1枚目が競艇場の番組表、2枚目が方向出目用紙、3枚目が気象情報と結果」
・3枚が1レース分です。12レースですから×3で、36枚が1競艇場です。
・×8競艇場で288枚です。
・各競艇場の特徴も記載されています。

　価格、ＳＧ戦 2006年、2日目セット 5,000円
　　　　　　　　　　（送料340＋代引250＋送金手数料120円）5,710円
※ご注文方法、葉書に「SG戦 2006年, 2日目セット」代引と明記してお送り下さい。
　送先⇨150-8691 渋谷郵便局私書箱第258号　ＩＤＦ内　競艇係

過去の体験コース

ＳＧ戦 ２００６年、１～６日目セット
2006/ 3/16 ～ 平和島 ＳＧ（第46回、総理大臣杯）
2006/ 5/23 ～ 戸 田 ＳＧ（第33回笹川賞）
2006/ 6/20 ～ 浜名湖 ＳＧ（第16回 グランドチャンピオン決定戦）
2006/ 7/25 ～ 若 松 ＳＧ（第11回オーシャンカップ）
2006/ 8/29 ～ 桐 生 ＳＧ（第52回モーターボー記念）
2006/10/24 ～ 福 岡 ＳＧ（第53回全日本選手権）
2006/11/23 ～ 丸 亀 ＳＧ（第9回競艇王チャジカップ競争）
2006/12/19 ～ 住之江 ＳＧ（第21回賞金王決定戦競走 賞金王シリーズ戦）

仕様

　用紙Ｂ５版、本書の60頁～95頁の「４、水面気象情報と勝率・早見による方向の出目」と同様の内容であり、方向出目用紙には１Ｒから記入して体験するようになっております。
・「１枚目が競艇場の番組表、２枚目が方向出目用紙、３枚目が気象情報と結果」
・３枚が１レース分です。１２レースですから×３で、３６枚が１日目です。
・×６日間で２１６枚です。
・各競艇場の特徴を１Ｒの番組表に記載してあります。
　価格、１競艇場 ＳＧ戦 2006年、１～６日間セット 4,700円
　　　　　　　　　　　　（送料340＋代引250＋送金手数料120円）5,410円
・送料、代引手数料は１～８競艇場まで590円です。
※ご注文方法、葉書に「ＳＧ戦 2006年、１～６日間セット、競艇場名」代引と明記してお送り下さい。
　送先⇒150-8691 渋谷郵便局私書箱第258号 ＩＤＦ内 競艇係

携帯方向出目用紙

競艇場に行って、使用する場合に使い易い方向出目用紙です。

各競艇場には顔があり、手筋に各競艇場に通用する万能はありません。万能型を当てはめて行うと損をすることが多いから、万能型の商品を発売することはできません。　従って、各競艇場の特徴を記載したものです。

仕様

　用紙Ｂ６版、見開きでＢ５版、左半分が方向出目用紙、右半分が予想に必要な格言を記載。カラー印刷で見やすい。

　競艇場で記入し易いように厚紙（ハガキ用紙）を使用。

　50部セット、2,500円　（送料340＋代引250＋送金手数料120円）<u>3,210円</u>

※ご注文方法、葉書に「携帯方向出目用紙,競艇場名」代引と明記してお送り下さい。

　（競艇場名は104頁を参照）

　送先⇨150-8691　渋谷郵便局私書箱第258号　ＩＤＦ内　競艇係

競艇財テック　方向出目による的中率の実績　ＳＧ戦　２日目

定価（本体２,７００円＋税）

２００７年（平成１９年）９月２９日発行

発行所　発明開発連合会®©
東京都渋谷区渋谷2-2-13
電話 03-3498-0751㈹
著　者　ましば寿一

Printed in Japan
印刷製本
㈱デジタルパブリッシングサービス

著作権法での例外を除き、本書の無断コピーは禁じています。無断で複写（コピー）をする場合は、あらかじめ当方あてに許諾を求めて下さい。